2018 평창동계올림픽 중국어회화를 위한

강릉 관광 중국어(江陵观光汉语)

지은이 崔日義

한양대학교 중문과 문학사
서울대학교 중문과 문학박사
현재 강릉원주대학교 중문과 교수

저서로는『중국시의 세계』(신아사),『한시와 인생이야기』(해람기획),『중국어 이야기』
(차이나하우스) 등이 있다.

지은이 宋燕

辽宁大学 중문과 문학사
辽宁大学 중국현당대문학전공 문학석사
현재 辽宁大学 国際教育学院 부교수

이밖에 공저자 2인의 공동집필 논문으로「韩国学生汉语情态补语偏误原因对比探析及
教学对策」(宋燕·崔日義 공저),「韩国学生汉语结果补语偏误原因对比探析」(宋燕·崔日
義 공저),「离合词偏误原因对比探析及教学对策」(宋燕·崔日義 공저),「韩国学生"了₁"
偏误原因对比探析及教学对策」(宋燕·崔日義 공저),「针对韩国初中级汉语学习者"了₂"
偏误的教学对策」(宋燕·崔日義 공저) 등이 있다.

**2018 평창동계올림픽 중국어회화를 위한
강릉 관광 중국어(江陵观光汉语)**

© 崔日義·宋燕, 2016

1판 1쇄 인쇄__2016년 08월 30일
1판 1쇄 발행__2016년 09월 10일

지은이__崔日義·宋燕
펴낸이__홍정표
펴낸곳__글로벌콘텐츠
　　　등록__제25100-2008-24호

공급처__(주)글로벌콘텐츠출판그룹
　　　대표__홍정표　이사__양정섭
　　　편집__송은주　디자인__김미미　기획·마케팅__노경민　경영지원__이아리
　　　주소__서울특별시 강동구 천중로 196 정일빌딩 401호
　　　전화__02-488-3280　팩스__02-488-3281
　　　홈페이지__http://www.gcbook.co.kr
　　　이메일__edit@gcbook.co.kr

값 13,000원
ISBN 979-11-5852-118-9 03720

2018 평창동계올림픽 중국어회화를 위한
강릉 관광 중국어
江陵观光汉语

崔日義·宋燕 지음

글로벌콘텐츠

머리말

평창동계올림픽이 2018년 평창과 강릉에서 동시에 개최된다. 평창에서는 스키, 바이애슬론, 봅슬레이, 루지 등의 설상경기가, 강릉에서는 스케이팅, 아이스하키, 컬링 등의 빙상경기가 벌어진다.

본 교재는 본래 2018 평창동계올림픽을 맞이하여 강릉과 평창을 포함한 영동지역에 찾아올 중국 관광객을 적극적으로 맞이하는 동시에 이 지역의 문화를 친절하게 소개할 수 있는 중국어 인적 자원을 배양하기 위한 일환으로 기획되었다.

근래 들어 이른바 '유커(游客)'라는 신조어가 생길 정도로 중국인들의 한국 방문이 잦아지고 있다. 제주도는 심지어 일정 금액 이상을 투자한 중국인에게 시민권을 주기도 하면서 중국 관광객들을 유치하려고 노력하고 있다.

강릉을 포함한 영동지역 역시 유구한 역사 문화전통은 물론이요 바다와 스키장 등 천혜의 자연산수를 갖고 있어 중국 관광객들이 아주 많이 찾고 있는 것이 작금의 실정이다.

그런데 교통 등 관광 기반시설들은 나름대로 조금씩 구축되어 가고 있지만 정작 중국인들을 맞이하여 그들에게 이 지역을 적극적으로 그리고 친절하게 소개함으로써 계속 이곳을 찾도록 유인할 수 있는 유능한 중국어 인적 자원을 양성하는 시스템은 아직 완벽하게 갖추어졌다고 볼 수 없는 실정이다. 이런 인적 자원 양성 시스템에는 당연하게도 강릉과 영동지역을 효과적으로 소개할 수 있는 중국어 안내 책자 개발도 포함되어 있다고 하겠으니 효율적인 안내 책자 개발이 그만큼 매우 시급하다는 것은 더 말할 나위 없다고 하겠다.

본 교재는 회화 과문을 일반 회화와 보충 회화 두 단계로 구성하였다. 일반 회화 과문만으로는 자연산수와 문화 현장의 내용을 다 담을 수 없기에 보충 회화를 추가로 구성하였다고 말할 수 있다.

회화 과문의 내용은 강릉과 영동 지역의 자연산수에 대한 인문적 소개와 이 지역이 구비하고 있는 문화 예술적인 환경을 소개하는데 주력하였다. 따라서 이 교재의 과문들을 잘 이해하기만 하여도 중국어를 매개로 하여 강릉과 영동지역에 대한 자연 지리적, 문화적 상식들을 구비하는 데 큰 도움이 될 것이기에 이 교재가 강릉 관광 중국어 안내책자로서의 역할을 충분히 담당할 수 있을 것이라 자신한다.

회화 과문에 이어서 중점학습을 통해 각 회화 과문에 포함된 어법에 대한 이해가 충분해지도록 설계를 하였다. 그리고 연습문제 풀이를 통해 과문에 대한 이해가 더욱 충분하게 다져지도록 하였다. 또한 보충회화 과문에서도 보충학습 부분을 두어 어법에 대한 이해가 더욱 충실해지도록 하였다.

주지하다시피 외국어는 반복 학습이 생명이다. 교재의 내용이 아무리 충실하다 하여도 학습자들이 반복 숙달시키지 않으면 그 효과는 반감될 수밖에 없다. 큰 소리로 소리 내어 읽고 반복적으로 쓰고 익혀서 강릉 관광 중국어 회화를 유창하게 구사할 수 있기를 바라는 마음 간절하다.

이 책을 구성하는 데 많은 분들의 도움을 받았다. 회화 과문의 원문을 집필할 때 강릉원주대학교 어학원 조교인 유학생 천커(陈柯)가 자료를 찾아주는 등 큰 도움을 주었다. 그리고 이 원문을 좀 더 학습자 수준에 맞게 체계적으로 다듬은 다음 다시 구체적인 어법 설명 등을 추가해서 알맞은 학습 방법을 제시하는 등의 구체적인 작업은 강릉원주대학교 중문과 객원교수로 있는 공저자 쑹옌(宋燕) 요녕대(辽宁大) 교수가 책임지고 담당하였다. 그리고 한어병음 타자에는 어학원 정정주(郑丁主) 선생의 도움을 많이 받았다. 모두에게 특별히 깊은 감사의 말씀을 전하고 싶다.

아울러 이 책의 출판을 흔쾌히 허락해주신 글로벌콘텐츠의 사장님과 양정섭 이사님, 그리고 편집을 위해 애써 주신 선생님께도 깊은 감사의 말씀을 드린다.

2016년 여름

강릉원주대학교 중문과
최일의 삼가 씀

목차

江陵与2018平昌冬奥会

강릉과 2018 평창동계올림픽

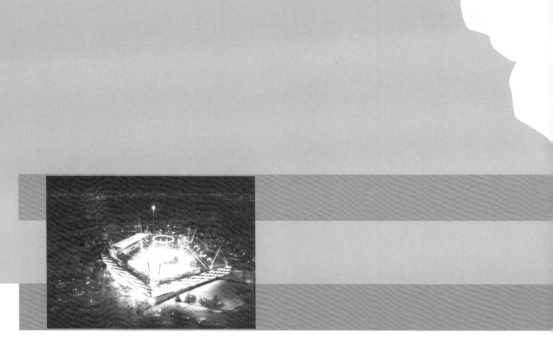

주문진항

허난설헌과
허균의 생가

강릉동계
올림픽센터

경포호수

진고개

소금강

강릉임영관 객사문

강릉임영관 칠사당

강릉단오장터
강릉단오제본부

상원사

비로봉

선자령

대관령옛길

대관령박물관

하슬라
아트월드

대관령
양떼목장

정동진역

월정사

전나무숲길

강릉국사성황당

제왕산

장동계
픽센터

촛대 바위

추암역

WELC♥ME

제1과

강릉과 2018 평창동계올림픽
(江陵与2018平昌冬奥会)

洪吉童： 王刚，欢迎你来到韩国！这次旅行你有什么计划？
　　　　Wáng Gāng, huānyíng nǐ láidào Hánguó! Zhè cì lǚxíng nǐ yǒu shénme jìhuà?

王　刚： 我的旅行路线是：汉阳城郭——首尔南山，观赏首尔夜景——全州韩屋村，尝尝全州拌饭——釜山，观看国际电影节。
　　　　Wǒ de lǚxíng lùxiàn shì: Hànyángchéngguō——Shǒu'ěr Nánshān, gāunshǎng Shǒu'ěr yèjǐng——Quánzhōu Hánwūcūn, chángchang Quánzhōubànfàn——Fǔshān, guānkàn guójì diànyǐngjié.

洪吉童： 怎么不去我的故乡玩儿玩儿呢？
　　　　Zěnme bú qù wǒ de gùxiāng wánrwanr ne?

王　刚： 你的故乡是哪里啊？
　　　　Nǐ de gùxiāng shì nǎli a?

洪吉童： 就是江陵市啊！她就在东海岸边的江原道。
　　　　Jiù shì Jiānglíngshì a! Tā jiù zài Dōnghǎi ànbiān de Jiāngyuándào.

王　刚： 你的故乡江陵有哪些好玩儿的地方？
　　　　Nǐ de gùxiāng Jiānglíng yǒu nǎxiē hǎowánr de dìfang?

洪吉童： 好玩儿的地方多着呢！江陵是韩国数一数二的山清水秀的海边城市，那里一年四季都能游玩：春天的樱花节樱花如云；夏天的镜浦浴场天蓝海碧；秋天的大关岭、五台山、小金刚，红叶满山；冬天的龙平滑雪场又现代又刺激。
　　　　Hǎowánr de dìfang duō zhene! Jiānglíng shì Hánguó shǔyīshǔ'èr de shān qīng shuǐ xiù

de hǎibiānchéngshì, nàli yì nián sì jì dōu néng yóuwán: Chūntiān de Yīnghuā jié yīnghuā rú yún; Xiàtiān de Jìngpǔ yùchǎng tiān lán hǎi bì; Qiūtiān de Dàguānlǐng、Wǔtáishān、Xiǎojīngāng, hóngyè mǎn shān; Dōngtiān de Lóngpíng huáxuěchǎng yòu xiàndài yòu cìjī.

王　刚: 你的故乡这么好玩儿啊!

Nǐ de gùxiāng zhème hǎowánr a!

洪吉童: 当然啦! 还有呢, 2018年冬季奥运会在江陵还有赛场呢!

Dāngrán la! Hái yǒu ne, èrlíngyībā nián dōngjì Àoyùnhuì zài Jiānglíng hái yǒu sàichǎng ne!

王　刚: 哦? 2018冬奥会不是在平昌举行吗?

Ó? Èrlíngyībā Dōng'àohuì bú shì zài Píngchāng jǔxíng ma?

洪吉童: 对, 滑雪、雪车、雪橇、现代冬季两项等雪上项目都在平昌, 冰上项目都在江陵奥运中心举行。

Duì, huáxuě、xuěchē、xuěqiāo、xiàndàidōngjìliǎngxiàng děng xuěshàng xiàngmù dōu zài Píngchāng, bīngshàng xiàngmù dōu zài Jiānglíng Àoyùnzhōngxīn jǔxíng.

王　刚: 江陵离平昌远不远?

Jiānglíng lí Píngchāng yuǎn bu yuǎn?

洪吉童: 不远, 开车大概30分钟。

Bù yuǎn, kāi chē dàgài sānshí fēnzhōng.

王　刚: 是吗! 那我这次一定要去江陵玩儿玩儿!

Shì ma! Nà wǒ zhè cì yídìng yào qù Jiānglíng wánrwanr!

洪吉童: 现在那里正好有樱花节, 你登上镜浦台俯瞰樱花街, 或者去海边咖啡厅坐坐, 闻着浓浓的咖啡香味儿, 眺望无边无垠的东海, 肯定会心旷神怡!

Xiànzài nàli zhènghǎo yǒu Yīnghuā jié, nǐ dēng shàng Jìngpǔtái fǔkàn Yīnghuā jiē, huòzhě qù hǎibiān kāfēitīng zuòzuo, wén zhe nóngnóng de kāfēi xiāngwèir, tiàowàng wúbiānwúyín de Dōnghǎi, kěndìng huì xīnkuàngshényí!

王　刚: 你给我介绍了这么美丽的江陵, 真是太感谢了! 中国名诗说 "海内存知己, 天涯若比邻", 洪吉童, 有你这么好的韩国朋友, 我初来乍到, 也觉得韩国很熟悉, 很亲切!

Nǐ gěi wǒ jièshào le zhème měilì de Jiānglíng, zhēn shì tài gǎnxiè le!Zhōngguó míng shī shuō "hǎi nèi cún zhǐjǐ, tiānyá ruò bǐlín", Hóng Jítóng, yǒu nǐ zhème hǎo de Hánguó péngyou, wǒ chū lái zhà dào, yě juéde Hánguó hěn shúxī, hěn qīnqiè!

단어

洪吉童 Hóng Jítóng 홍길동(한국 인명)
王刚 Wáng Gāng 왕강(중국 인명)
欢迎 huānyíng 환영하다
旅行 lǚxíng 여행하다
计划 jìhuà 계획하다
路线 lùxiàn 노선
汉阳城郭 Hànyáng chéngguō
　　　한양성곽(관광명소)
首尔 Shǒu'ěr 서울(지명)
南山 Nánshān 남산(산명, 관광명소)
观赏 gāunshǎng 감상하다
夜景 yèjǐng 야경
全州 Quánzhōu 전주(지명)
韩屋村 Hánwūcūn 한옥마을(관광명소)
尝 cháng 맛보다, 체험하다
拌饭 bànfàn 비빔밥
釜山 Fǔshān 부산(지명)
观看 guānkàn 구경하다
国际电影节 guójì diànyīngjié 국제영화제
故乡 gùxiāng 고향
玩儿 wánr 놀다
江陵 Jiānglíng 강릉(지명)
岸边 ànbiān 해안가
江原道 Jiāngyuándào 강원도(지명)
数一数二 shǔ yī shǔ èr
　　　1, 2등을 다투다, 손꼽히다, 뛰어나다
山清水秀 shān qīng shuǐ xiù
　　　산수풍경이 아름답다.
　　　(참고) 山清水绿, 山明水秀
海边 hǎibiān 해변
四季 sìjì 사계절
游玩 yóuwán 돌아다니며 놀다, 유람하다
樱花节 Yīnghuājié 벚꽃 축제
樱花如云 yīnghuā rú yún 벚꽃이 만발하다
镜浦浴场 Jìngpǔ yùchǎng
　　　경포 해수욕장(관광명소)
天蓝海碧 tiān lán hǎi bì 하늘과 바다가 푸르다
大关岭 Dàguānlǐng 대관령(지명)
五台山 Wǔtáishān 오대산(관광명소)
小金刚 Xiǎojīngāng 소금강(관광명소)

红叶满山 hóngyè mǎn shān
　　　온 산에 단풍이 가득하다
龙平 Lóngpíng 용평(지명)
滑雪场 huáxuěchǎng 스키장
刺激 cìjī 자극(하다), 자극적이다, 흥분시키다
好玩儿 hǎowánr 재미있다
冬季奥运会 dōngjì Àoyùnhuì 동계올림픽
赛场 sàichǎng 경기장
冬奥会 Dōng'àohuì
　　　동계올림픽('冬季奥运会'의 줄임말)
平昌 Píngchāng 평창(지명)
滑雪 huáxuě 스키
雪车 xuěchē 봅슬레이
雪橇 xuěqiāo 루지
现代冬季两项 xiàndài dōngjì liǎngxiàng
　　　바이애슬론
雪上 xuěshàng 설상
项目 xiàngmù 경기종목
冰上 bīngshàng 빙상
奥运中心 Àoyùn zhōngxīn 올림픽센터
正好 zhènghǎo 마침
登上 dēng shàng 오르다
镜浦台 Jìngpǔtái 경포대(관광명소)
俯瞰 fǔkàn 내려다보다
樱花街 Yīnghuā jiē 벚꽃 거리
咖啡厅 kāfēitīng 커피숍
浓 nóng 진하다
香味儿 xiāngwèir 향기
眺望 tiàowàng 멀리 바라보다, 전망하다
无边无垠 wúbiānwúyín 끝이 없다
心旷神怡 xīn kuàng shén yí
　　　마음이 트이고 기분이 유쾌하다
名诗 míng shī 명시
海内存知己, 天涯若比邻
　　　hǎi nèi cún zhījǐ, tiān yá ruò bǐlín
　　　세상에 친구가 있으면 아무리 먼 곳에 있
　　　어도 이웃과 같다.
初来乍到 chū lái zhà dào 방금 도착했다
熟悉 shúxī 잘[충분히] 알다
亲切 qīnqiè 따뜻하다, 다정하다, 친절하다

중점 학습

1. 怎么不~(呢)?

"怎么不~(呢)?"(어째서 ~하지 않는 거니?)의 구식은 의문을 표시한다. 어감이
"为什么不~(呢)?"(왜 ~하지 않니?)보다 조금 부드럽고 구어에서 자주 사용한다.

(1) 怎么不去我的故乡玩儿玩儿呢?
   (어째서 내 고향에 좀 놀러 가지 않는 거니?)
(2) 大家都去, 你怎么不去?
   (다들 모두 가는데 너는 어째서 가지 않는 거니?)

바꾸기 연습

你	接我的电话	
下雨了, 你	回家	
你天天玩儿, 怎么不	打工	(呢)?
天气这么好, 你们	出去玩玩儿	

2. ~着呢

"着呢"의 앞에 형용사가 오면 정도가 깊음을 강조한다.

(1) 我故乡好玩儿的地方多着呢!
   (나의 고향은 재미난 곳들이 아주 많다.)
(2) 小区附近的早市热闹着呢!
   (단지 부근의 아침 시장은 아주 시끌벅적하다.)

바꾸기 연습

时间还	早	再坐一会儿吧。
你才十八岁, 以后的路	长	
别碰我,	烦 着呢!	
他们俩	好	不可能分手。

3. 不是~吗

"不是~吗?"는 반문 구식으로 긍정을 표시하며 동시에 강조의 의미가 있다.

(1) 2018冬奥会不是在平昌举行吗? 江陵也举行啊!

(2018 동계올림픽은 평창에서 개최되는 거 아닌가요? 강릉에서도 개최됩니다.)

(2) 你不是很喜欢吗? 怎么不要呢?

(네가 아주 좋아하지 않았던가? 어째서 원하지 않아?)

바꾸기 연습

你		要去银行		别忘带银行卡。
王强	不是	独生子	吗?	怎么还有哥哥?
你们		想当交换学生		要努力学习啊!
菜		很好吃		你们多吃啊!

4. A离B~

"A离B~"의 구식은 "A"와 "B" 두 곳 사이의 거리를 표시한다.

(1) 江陵离平昌不远。

(강릉은 평창에서 멀지 않다.)

(2) 他家离公司很近。

(그의 집은 회사에서 아주 가깝다)

바꾸기 연습

你家		地铁站	有多远?
江陵	离	首尔	远吗?
我的故乡		北京	很近。
食堂		我的宿舍	大概两分钟的路程。

연습문제

1. 다음 중국어의 한어병음과 뜻을 적으시오.

(1) 观赏 (   )(   )

(2) 夜景 (   )(   )

(3) 刺激 (   )(   )

(4) 俯瞰 (   )(   )

2. 다음 한어병음의 중국어와 뜻을 적으시오.

(1) lùxiàn(   )(   )

(2) bànfàn(   )(   )

(3) dōngjì Àoyùnhuì(   )(   )

(4) xiāngwèir(   )(   )

3. 다음 괄호 안에 적당한 중국어를 넣으시오.

(1) (   )(   )去我的故乡玩儿玩儿呢?

(2) 你的故乡江陵有(   )好玩儿的地方?

(3) 江陵(   )平昌远不远?

(4) 你给我介绍了这么美丽的江陵, 真是(   )感谢(   )!

4. 본문에 근거하여 다음 물음에 중국어로 답하시오.

(1) 王刚在韩国的旅行路线是什么?

(2) 江陵有哪些好玩儿的地方?

(3) 2018冬奥会江陵有什么比赛项目?

(4) 王刚这次去江陵可以去哪里玩儿玩儿?

전통의 도시 강릉
(传统江陵)

王　　剛: 江陵有值得看的好玩儿的地方吗？

　　　　Jiānglíng yǒu zhídé kànde hǎowánr de dìfang ma?

洪吉童: 江陵是一个历史悠久的城市，有很多值得看的地方。

　　　　Jiānglíng shì yíge lìshǐ yōujiǔ de chéngshì, yǒu hěn duō zhídé kàn de dìfang.

王　　剛: 有哪些历史文化遗产呢？

　　　　Yǒu nǎxiē lìshǐ wénhuà yíchǎn ne?

洪吉童: 有高丽时期给中央派遣的使臣们住宿的临瀛馆，有申师任堂
　　　　和李栗谷住了一生的地方——乌竹轩，还有代表朝鲜时代传
　　　　统家屋的船桥庄。

　　　　Yǒu Gāolí shíqī gěi zhōngyāng pàiqiǎn de shǐchén men zhùsù de Línyíngguǎn, yǒu Shēn
　　　　Shīrèntáng hé Lǐ Lìgǔ zhù le yìshēng de dìfang——Wūzhúxuān, háiyǒu dàibiǎo Cháoxiān
　　　　shídài chuántǒng jiāwū de Chuánqiáozhuāng.

王　　剛: 有博物馆之类的地方吗？

　　　　Yǒu bówùguǎn zhīlèi de dìfang ma?

洪吉童: 有大关岭博物馆和真音博物馆。爱迪生发明的留声机就展示
　　　　在真音博物馆里面，那里还有其它一些留声机，数不胜数，是
　　　　个值得看的地方。

　　　　Yǒu Dàguānlǐng bówùguǎn hé Zhēnyīn bówùguǎn. Àidíshēng fāmíng de liúshēngjī jiù
　　　　zhǎnshì zài Zhēnyīn bówùguǎn lǐmiàn, nàli hái yǒu qítā yìxiē liúshēngjī, shǔ bú shèng
　　　　shǔ, shì ge zhídé kàn de dìfang.

王　　刚：除此以外，江陵有哪些美食？

　　　　　Chú cǐ yǐwài, Jiānglíng yǒu nǎxiē měishí?

洪吉童：江陵的荞麦冷面和铁板鸡很有名。新鲜的生鱼片更有名。

　　　　　Jiānglíng de qiáomài lěngmiàn hé tiěbǎn jī hěn yǒumíng. Xīnxiān de shēngyúpiàn gèng yǒumíng.

王　　刚：有哪些可以动动身子玩乐的活动啊？

　　　　　Yǒu nǎxiē kěyǐ dòngdong shēnzi wánlè de huódòng a?

洪吉童：如果你喜欢爬山，我推荐仙子岭、大关岭古道和帝王山等地方；要是你喜欢大海，可以去注文津潜水。

　　　　　Rúguǒ nǐ xǐhuan pá shān, wǒ tuījiàn Xiānzǐlǐng, Dàguānlǐng gǔdào hé Dìwángshān děng dìfang; Yàoshi nǐ xǐhuan dàhǎi, kěyǐ qù Zhùwénjīn qiánshuǐ.

王　　刚：江陵方言不严重吧？说标准语行得通吗？

　　　　　Jiānglíng fāngyán bù yánzhòng ba? Shuō biāozhǔnyǔ xíng de tōng ma?

洪吉童：虽说江陵有方言，但是使用标准语与人交流没有问题，当然肯定也有完全听不懂的话。

　　　　　Suī shuō Jiānglíng yǒu fāngyán, dànshì shǐyòng biāozhǔnyǔ yǔ rén jiāoliú méiyǒu wèntí, dāngrán kěndìng yě yǒu wánquán tīng bu dǒng de huà.

王　　刚：你可以举个例子吗？

　　　　　Nǐ kěyǐ jǔ ge lìzi ma?

洪吉童：江陵有句方言是"마카오우(ma ka o u)"，意思是"全都来吧"，如果不知道江陵方言，就听不懂。

　　　　　Jiānglíng yǒu jù fāngyán shì "ma ka o u", yìsi shì "quán dōu lái ba", rúguǒ bù zhīdào Jiānglíng fāngyán, jiù tīng bu dǒng.

王　　刚：如果有机会去江陵，得学几句江陵方言了，我现在已经开始兴奋了。

　　　　　Rúguǒ yǒu jīhuì qù Jiānglíng, děi xué jǐ jù Jiānglíng fāngyán le, wǒ xiànzài yǐjīng kāishǐ xīngfèn le.

洪吉童：随时欢迎，我可以做你的导游。

　　　　　Suíshí huānyíng, wǒ kěyǐ zuò nǐ de dǎoyóu.

단어

值得 zhídé 가치가 있다

历史 lìshǐ 역사

悠久 yōujiǔ 유구하다

遗产 yíchǎn 유산

中央 zhōngyāng 정부의 최고 기관, 중앙

派遣 pàiqiǎn 파견하다

使臣 shǐchén 파견된 신하, 외교 사신

住宿 zhùsù 묵다

临瀛馆 Línyíngguǎn 임영관(관광명소)

申师任堂 Shēn Shīrèntáng 신사임당(인명)

李栗谷 Lǐ Lìgǔ 이 이(인명)

乌竹轩 Wūzhúxuān 오죽헌(관광명소)

家屋 jiāwū 가옥, 주택

船桥庄 Chuánqiáozhuāng 선교장(관광명소)

大关岭博物馆 Dàguānlǐng bówùguǎn 대관령 박물관(관광명소)

真音博物馆 Zhēnyīn bówùguǎn 참소리박물관 (관광명소)

爱迪生 àidíshēng 에디슨(인명)

发明 fāmíng 발명하다

留声机 liúshēngjī 축음기

展示 zhǎnshì 전시하다

数不胜数 shǔ bú shèng shǔ 헤아릴 수 없이 많다

除~以外 chú ~ yǐwài ~이외에도

荞麦冷面 qiáomài lěngmiàn 막국수

铁板鸡 tiěbǎn jī 닭갈비

新鲜 xīnxiān 신선하다

生鱼片 shēngyúpiàn 생선회

动身子 dòng shēnzi 몸을 움직이다, 행동하다

玩乐 wánlè 놀며 즐기다, 유희

活动 huódòng 활동, 행사

推荐 tuījiàn 추천하다

仙子岭 xiānzǐlǐng 선자령(관광명소)

大关岭古道 dàguānlǐng gǔdào 대관령 옛길 (관광명소)

帝王山 dìwáng shān 제왕산(관광명소)

注文津 zhùwén jīn 주문진(지명)

潜水 qiánshuǐ 잠수하다

方言 fāngyán 사투리

严重 yánzhòng 심하다

标准语 biāozhǔnyǔ 표준어

行得通 xíng de tōng 말이 통하다, 실행할 수 있다

例子 lìzi 예

兴奋 xīngfèn 흥분하다

随时 suíshí 수시로

导游 dǎoyóu 관광안내원

보충 학습

1. 不怎么

여기서의 "怎么"는 특정한 순서를 표시하며 "很"보다 정도가 가볍다. 그것의 역할은 "不"의 힘을 약화시키는 데 있다. 어감이 비교적 완곡하다.

   (1) 我不怎么明白你的意思。
   (2) 这种明信片不怎么好看。
   (3) 他不怎么会喝酒。

2. 怎么 + (个) + 동사 + 法

어떤 방법을 써서 '~하는가?'에 대해 묻는 격식이다. "怎么" 뒤에는 "个"를 쓸 수 있다.

   (1) 这种药怎么(个)吃法?
   (2) 请问, 去天安门怎么(个)走法?

江陵端午祭 1

제2과

강릉단오제 1

주문진항

허난설헌과
허균의 생가

진고개
소금강

강릉동계올림픽센터

경포호수

강릉임영관 객사문

강릉임영관 칠사당

상원사

강릉단오장터
강릉단오제본부

비로봉

대관령옛길

하슬라
아트월드

선자령

대관령
양떼목장

대관령박물관

정동진역

월정사

전나무숲길

강릉국사성황당

제왕산

동계
픽센터

촛대 바위

추암역

강릉단오제 1
(江陵端午祭)

王　刚： 江陵市每年都举行大型的文化庆典活动，是吗？
Jiānglíngshì měinián dōu jǔxíng dàxíng de wénhuà qìngdiǎn huódòng, shì ma?

洪吉童： 是的，这个活动就是江陵端午祭。
Shìde, zhè ge huódòng jiù shì Jiānglíng Duānwǔjì.

王　刚： 每年的什么时候举行？
Měinián de shénme shíhou jǔxíng?

洪吉童： 阴历五月初五前后。
Yīnlì wǔ yuè chūwǔ qiánhòu.

王　刚： 江陵端午祭包括哪些活动？
Jiānglíng Duānwǔjì bāokuò nǎ xiē huódòng?

洪吉童： 它主要包括祭祀、演戏和游艺等活动。
Tā zhǔyào bāokuò jìsì、yǎnxì hé yóuyì děng huódòng.

王　刚： 这个活动是从什么年代开始的？
Zhè ge huódòng shì cóng shénme niándài kāishǐ de?

洪吉童： 它的历史可长了，大约是从一千年前开始的。
Tā de lìshǐ kě cháng le, dàyuē shì cóng yìqiān nián qián kāishǐ de.

王　刚： 一次活动持续多长时间？
Yí cì huódòng chíxù duō cháng shíjiān?

洪吉童： 大概三十多天。

Dàgài sānshí duō tiān.

王　　刚: 到江陵观看端午祭活动的游人多吗?

Dào Jiānglíng guānkàn Duānwǔjì huódòng de yóurén duō ma?

洪吉童: 可多了, 每年的国内外游客能有一百万人呢!

Kě duō le, měinián de guónèiwài yóukè néng yǒu yìbǎiwàn rén ne!

王　　刚: 看来, 江陵端午祭的国际知名度很高啊!

Kànlái, Jiānglíng Duānwǔjì de guójì zhīmíngdù hěn gāo a!

洪吉童: 是啊, 它2005年已经被世界教科文组织指定为人类口头和无形遗产了。

Shì a, tā èr líng líng wǔ nián yǐjīng bèi shìjiè jiàokēwén zǔzhī zhǐdìng wéi rénlèi kǒutóu hé wúxíng yíchǎn le.

王　　刚: 真了不起! 我一定去看一看!

Zhēn liǎobuqǐ! Wǒ yídìng qù kàn yi kàn!

단어

举行 jǔxíng 거행하다, 개최하다
大型 dàxíng 대형, 대규모
庆典 qìngdiǎn 경축
端午祭 Duānwǔjì 단오제
　　(참고) 端午节
阴历 yīnlì 음력
　　(참고) 农历
包括 bāokuò 포함하다, 들어가 있다
祭祀 jìsì 제사(지내다)
演戏 yǎnxì 연극 공연(하다)
游艺 yóuyì 오락, 연예
持续 chíxù 지속하다
游人 yóurén 여행자

可多了 kě duō le 정말 많다
游客 yóukè 관광객
国际 guójì 국제
知名度 zhīmíngdù 지명도
世界教科文组织 Shìjiè jiàokēwén zǔzhī 유네스코
　　(참고) 联合国教育科学及文化组织 (UNESCO)
指定 zhǐdìng 지정하다, 선정되다
人类口头和无形遗产 rénlèi kǒutóu hé wúxíng yíchǎn 인류 구전 및 무형 유산
了不起 liǎobuqǐ 대단하다, 뛰어나다

1. 包括

"包括"는 "포함하다(包含)", "총괄하다(总括)"는 뜻.

(1) 它主要包括祭祀、演戏和游艺等活动。
    (그것에는 주로 제사, 연극 공연과 오락 등의 행사가 포함되어 있다.)
(2) 面食包括面条、饺子、馒头等等。
    (밀가루 음식에는 국수, 만두, 찐빵 등이 포함되어 있다.)

바꾸기 연습

汉语教学		听、说、读、写四项。
这次比赛	包括	滑冰、滑雪和游泳三项。
期末考试		笔试和口试两种。
2018冬奥会赛区		江陵和平昌两个(赛区)。

2. 可~了

"可~了"의 구식은 일반적으로 상황을 모르는 사람에게 정도가 아주 높음을 강조하는 말이다. 이 구식은 중간에 일반적으로 형용사나 심리동사를 수반한다.

(1) 它的历史可长了。(그것의 역사는 정말 길다.)
(2) 中午食堂里面人可多了。(오후에 식당 안은 사람들이 정말 많다.)

바꾸기 연습

那本书		有意思	
北京烤鸭	可	好吃	了。
爬山		累	
我		饿	

3. 是~的

"是~的"구식은 과거에 이미 발생한 동작의 시간, 장소, 방식 등을 강조하여 설명한다. "是"는 시간, 장소, 방식을 나타내는 말 앞에 놓으며, "的"는 일반적으로 문장 끝에 놓는다. 만약 동사 뒤에 명사 목적어가 있으면 "的"는 일반적으로 이 명사목적어 앞에 놓는다. "是"는 생략 가능하나 "的"는 생략할 수 없다.

(1) 这个活动是从什么年代开始的? (이 행사는 어느 해에 시작된 것인가?)
(2) 我是在网上买的机票。我的机票是在网上买的。
   (나는 방금 전에 비행기 티켓을 샀다. 내 비행기 티켓은 인터넷에서 산 것이다.)

바꾸기 연습

我		昨天	回来		
他的汉语	(是)	在中国	学		的。
姐姐		坐出租车	去		
我们		2013年	上	的	大学。

4. 被 피동문

주어가 동작대상인 수사(受事)자이고 전치사 "被", "叫", "让" 등으로 동작주체인 시사(施事)자를 이끌어내서 피동을 표시하는 문장을 가리킨다. 일반적으로 피동문은 술어동사가 기타성분을 수반하여 동작의 결과, 정도 등을 설명해야 한다. 일반적으로 전치사 "被"는 서면어나 구어에서 모두 많이 사용되며, 전치사 "叫"와 "让"은 구어에서 사용된다. 피동문의 구식은 다음과 같다.

주어[수사자] + "被"/"叫"/"让" + 목적어[시사자] + 타동사 + 기타성분

(1) 衣服被雨淋湿了。(옷이 비에 의해 젖었다.)
(2) 它2005年已经被世界教科文组织指定为人类口头和无形遗产了。
   (그것은 2005년에 이미 유네스코에 의해 인류무형문화유산으로 지정되

었다.)

바꾸기 연습

手机		孩子	摔	坏了。
帽子	被/叫/让	大风	刮	跑了。
电脑		同学	借	走了。
词典		弟弟	弄	丢了。

연습문제

1. 다음 중국어의 한어병음과 뜻을 적으시오.

(1) 举行(　　　　　　　)(　　　　　　　　)

(2) 庆典(　　　　　　　)(　　　　　　　　)

(3) 演戏(　　　　　　　)(　　　　　　　　)

(4) 游人(　　　　　　　)(　　　　　　　　)

2. 다음 한어병음의 중국어와 뜻을 적으시오.

(1) bāokuò(　　　　　　　)(　　　　　　　　)

(2) chíxù(　　　　　　　)(　　　　　　　　)

(3) Shìjiè jiàokēwén zǔzhī(　　　　　　　)(　　　　　　　　)

(4) liǎobuqǐ(　　　　　　　)(　　　　　　　　)

3. 다음 괄호 안에 적당한 중국어를 넣으시오.

(1) 它主要(　　　　)祭祀、演戏和游艺等活动。

(2) 这个活动(　　　)从什么年代开始(　　　　)?

(3) (　　　)多(　　　), 每年的国内外游客能有一百万人呢!

(4) 真(　　　　)! 我一定去看一看!

4. 본문에 근거하여 다음 물음에 중국어로 답하시오.

(1) 江陵市每年举行什么活动?

(2) 江陵端午祭包括哪些活动?

(3) 每年的江陵端午祭什么时候开始? 什么时候结束?

(4) 江陵端午祭的国际知名度怎么样? 为什么?

강릉단오제의 위상
(江陵端午祭的地位)

王　　刚: 听说江陵端午祭被指定为人类口头和无形遗产了，是谁、什么时候指定的？

Tīngshuō Jiānglíng Duānwǔjì bèi zhǐdìng wéi rénlèi kǒutóu hé wúxíng yíchǎn le, shì shéi、shénme shíhou zhǐdìng de?

洪吉童: 是世界教科文组织2005年11月25日指定的。1967年它还被指定为韩国第13号重要无形文化遗产和重要无形文物！

Shì Shìjiè jiàokēwén zǔzhī èrlínglíngwǔnián shíyīyuè èrshíwǔrì zhǐdìng de. Yijiǔliùqī nián tā hái bèi zhǐdìng wéi Hánguó dì shísān hào zhòngyào wúxíng wénhuà yíchǎn hé zhòngyào wúxíng wénwù!

王　　刚: 真了不起啊！江陵市能举行这么重要的庆典活动，作为市民你一定很自豪吧？

Zhēn liǎobuqǐ a! Jiānglíngshì néng jǔxíng zhème zhòngyào de qìngdiǎn huódòng, zuòwéi shìmín nǐ yídìng hěn zìháo ba?

洪吉童: 那当然啦！江陵端午祭既是江陵文化的标志，也是韩国民族精神的象征。我觉得跟韩币上印着申师任堂母子的肖像一样自豪。

Nà dāngrán la! Jiānglíng Duānwǔjì jì shì Jiānglíng wénhuà de biāozhì, yě shì Hánguó mínzú jīngshén de xiàngzhēng. Wǒ juéde gēn Hánbì shang yìn zhe Shēn Shīrèntáng mǔzǐ de xiàoxiàng yíyàng zìháo.

王　　刚: 江陵端午祭什么时候举行？

Jiānglíng Duānwǔjì shénme shíhou jǔxíng?

洪吉童： 每年阴历五月初五前后。大约持续30多天。

　　　　Měi nián yīnlì wǔ yuè chū wǔ qiánhòu. Dàyuē chíxù sānshí duō tiān.

王　　刚： 每年都有很多人来观赏吗?

　　　　Měi nián dōu yǒu hěn duō rén lái guānshǎng ma?

洪吉童： 是的，每年来自国内外的游客达百万人之多。

　　　　Shì de, měi nián láizì guónèiwài de yóukè dá bǎiwàn rén zhī duō.

단어

听说 tīngshuō 듣자하니
被 bèi ~에 의해 ~해지다
无形文化遗产 wúxíng wénhuà yíchǎn 무형문화유산
无形文物 wúxíng wénwù 무형문물
作为 zuòwéi ~로서, ~로 삼다
自豪 zìháo 자랑스럽게 여기다
既~也~ jì~yě~ ~하기도 하고 ~하기도 하다

标志 biāozhì 표상, 지표, 기호
民族精神 mínzú jīngshén 민족정신
象征 xiàngzhēng 상징(하다)
韩币 Hánbì 한화
母子 mǔzǐ 모자
肖像 xiàoxiàng 초상
强烈 qiángliè 강렬하다
达 dá 이르다

1. 让、教、使、请 등의 사역동사

사역동사가 쓰인 문장에서 사역동사의 목적어는 그 뒤에 쓰인 일반동사의 시사자[주어] 역할을 동시에 수행한다. 이를 겸어문이라고 한다.

    (1) 请原凉, 让你久等了。
    (2) 大夫让你休息几天。
    (3) 小王让你星期天到他家去玩。
    (4) 让你费心了。

사역동사 "让"은 또한 "让⋯(吧)"의 형식으로 바람을 표시하는 데 자주 쓰이기도 한다.

    (1) 让我们永远生活在一起。
    (2) 让我们一起去吧。
    (3) 让我们高高兴兴地唱吧, 跳吧。

2. 조동사 得

실제적으로, 이치적으로, 또는 의지적으로 필요한 것을 나타낸다.

    (1) 请问, 我作件衬衫, 得买几尺布?
    (2) 这个问题, 大家得商量一下。
    (3) 要取得好成绩, 就得努力。
    (4) 得等多长时间?

"得"의 부정형식은 "不用"이라고 해야 하며 "不得"라고 해서는 안 된다.

강릉단오제의 행사
(江陵端午祭的活动)

王　刚： 中国的端午节人们吃粽子、饮雄黄酒、赛龙舟，纪念屈原。
江陵端午祭也有这样的习俗吗？

Zhōngguó de Duānwǔ jié rénmen chī zòngzi、yǐn xiónghuáng jiǔ、sài lóngzhōu, jìniàn
Qū Yuán. Jiānglíng Duānwǔjì yě yǒu zhèyàng de xísú ma?

洪吉童： 没有。

Méiyǒu.

王　刚： 那么, 江陵端午祭主要有哪些活动？

Nàme, Jiānglíng Duānwǔjì zhǔyào yǒu nǎxiē huódòng?

洪吉童： 祭祀、演戏和游艺活动。其中的祭祀仪式保存了完整的传统
形式和内容，它是江陵端午祭的核心。

Jìsì、yǎnxì hé yóuyì huódòng. Qízhōng de jìsì yíshì bǎocún le wánzhěng de chuántǒng
xíngshì hé nèiróng, tā shì Jiānglíng Duānwǔjì de héxīn.

王　刚： 这么神奇啊！江陵端午祭祭祀谁？

Zhème shénqí a! Jiānglíng Duānwǔjì jìsì shéi?

洪吉童： 主要祭祀大关岭山神和国师城隍。这是江陵地区特有的祭祀
活动，举行各种巫法和祭祀典礼。

Zhǔyào jìsì Dàguānlǐng shānshén hé Guóshīchénghuáng. Zhèshì Jiānglíng dìqū tèyǒu de
jìsì huódòng, jǔxíng gèzhǒng wūfǎ hé jìsì diǎnlǐ.

王　刚： 还有其它活动吗？

Háiyǒu qítā huódòng ma?

洪吉童：还有很多，如巫祭、官奴假面剧、农乐竞赛、儿童农乐竞赛、鹤山奥道戴歌谣等，这些都是地区、国家指定的无形文化遗产。

Háiyǒu hěnduō, rú wūjì、Guānnú jiǎmiàn jù、nóngyuè jìngsài、értóng nóngyuè jìngsài、Hèshān Àodàodàigēyáo děng, zhèxiē dōu shì dìqū、guójiā zhǐdìng de wúxíng wénhuà yíchǎn.

王　刚：古老韵味儿很浓啊! 还有什么活动?

Gǔlǎo yùnwèir hěn nóng a! Háiyǒu shénme huódòng?

洪吉童：还有拔河、摔跤、荡秋千、射箭、投壶等，都很有特色。

Háiyǒu bá hé、shuāi jiāo、dàng qiūqiān、shè jiàn、tóu hú děng, dōu hěn yǒu tèsè.

王　刚：夜间没有活动吗?

Yèjiān méiyǒu huódòng ma?

洪吉童：夜间有烟火游戏、端午放灯、国乐表演、伽倻琴并唱等。

Yèjiān yǒu yānhuǒ yóuxì、Duānwǔ fàng dēng、guóyuè biǎoyǎn、jiāyēqín bìngchàng děng.

王　刚：我在大学学习文学，对文学艺术很感兴趣，有没有这方面的活动?

Wǒ zài dàxué xuéxí wénxué, duì wénxué yìshù hěn gǎn xìngqù, yǒu méiyǒu zhè fāngmiàn de huódòng?

洪吉童：文学艺术活动更丰富多彩，如汉诗创作比赛、乡土民谣竞唱大赛、全国时调竞唱大赛等。

Wénxué yìshù huódòng gèng fēngfùduōcǎi, rú hànshī chuàngzuò bǐsài、xiāngtǔ mínyáo jìngchàng dàsài、quánguó shídiào jìngchàng dàsài děng.

단어

粽子 zòngzi 종자(단오 음식의 일종)

雄黄酒 xiónghuáng jiǔ 웅황주(웅황 가루와 창
　　포 뿌리로 만들 술)

赛 sài 경기(하다)

龙舟 lóngzhōu 용선

习俗 xísú 풍습, 민속

屈原 Qū Yuán 굴원(인명)

仪式 yíshì 의식

保存 bǎocún 보존하다

完整 wánzhěng 완전하다

神奇 shénqí 신비롭고 기이하다

国师城隍 Guóshī chénghuáng 국사성황

特有 tèyǒu 특유하다

巫法 wūfǎ 굿

典礼 diǎnlǐ 예식

官奴假面剧 Guānnú jiǎmiàn jù 관노가면극

农乐竞赛 nóngyuè jìngsài 농악경기

鹤山奥道戴歌谣 Hèshān Àodàodài gēyáo
　　학산 오독떼기 노래

古老 gǔlǎo 오래되다

韵味儿 yùnwèir 우아한 맛, 정취, 운치

吃惊 chījīng 놀라다

除此之外 chú cǐ zhīwài 이 외에도

拔河 báhé 줄다리기

摔跤 shuāi jiāo 씨름

荡秋千 dàng qiūqiān 그네뛰기

射箭 shè jiàn 활쏘기

投壶 tóu hú 투호

民俗活动 mínsú huódòng 민속행사

烟火游戏 yānhuǒ yóuxì 불꽃놀이

放灯 fàng dēng 등불 장식, 연등

国乐表演 guóyuè biǎoyǎn 국악 공연

伽倻琴并唱 jiāyēqín bìngchàng 가야금 병창

丰富多彩 fēngfù duōcǎi 풍부하고 다채롭다

大赛 dàsài 경기

1. 是~的

긍정과 강조를 나타낸다. "是"와 "的"는 모두 생략 가능하며, 생략 뒤 기본적인 뜻에는 변함이 없다.

    (1) 他是愿意去的。
    (2) 这样做是对的。

이 문장의 부정은 "是…的" 중간에 있는 성분을 부정형식으로 만들어준다.

    (3) 他是不愿意去的。
    (4) 这样做是不对的。

2. 是~的 강조문

이미 발생한 동작의 장소, 시간, 방식 등을 강조할 때 사용한다. 여기서 "是"는 생략이 가능하다. "的"는 목적어의 앞이나 뒤 모두 가능하다.

    (1) 他(是)在法国学的中文。
    (2) 我(是)在家里给你打电话的。
    (3) 我们(是)在北京看见他的。
    (4) 是在哪儿学的中文。
    (5) 他(是)一九四八年去的美国。
    (6) 你(是)什么时候来北京的?

"是…的" 강조문의 부정형식은 "不是…的"이다. 여기서 "是"는 생략해서는 안 된다.

    (7) 我不是在小卖部买的, 是在百货大楼买的。

(8) 他不是今天到的，是昨天到的。

3. 구조조사 的

구조조사 "的"는 관형어를 이끌어 중심어와 연결해준다. "的" 앞의 관형어는 동사, 동사구, 주술구 등이 모두 될 수 있다.

(1) 休息的时候要好好休息，学习的时候，要好好学习。

(2) 这是送给你的礼物，请收下。

(3) 买来的东西放在哪儿?

제3과

강릉단오제 2

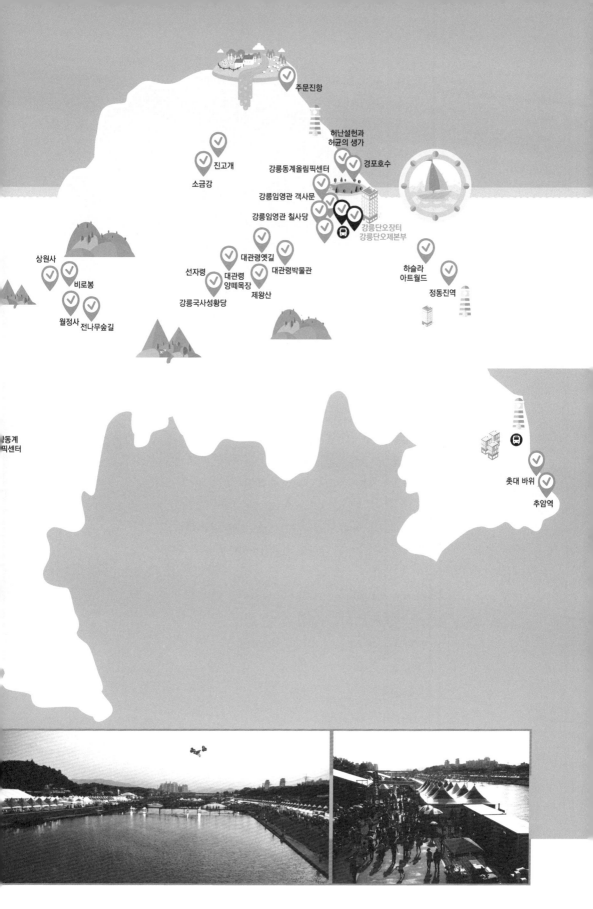

주문진항

허난설헌과
허균의 생가

진고개
소금강

강릉동계올림픽센터
경포호수

강릉임영관 객사문

강릉임영관 칠사당
강릉단오장터
강릉단오제본부

상원사

비로봉

월정사 전나무숲길

선자령
대관령옛길
대관령
양떼목장
강릉국사성황당
제왕산
대관령박물관

하슬라
아트월드
정동진역

동계
픽센터

촛대 바위
추암역

강릉단오제 2
(江陵端午祭)

王　刚: 终于可以亲眼看看江陵端午祭的热闹集市了!

Zhōngyú kěyǐ qīnyǎn kànkan Jiānglíng Duānwǔjì de rènao jíshì le!

洪吉童: 是啊! 走吧, 我陪你好好逛逛!

Shì a! Zǒu ba, wǒ péi nǐ hǎohāo guàngguang!

王　刚: 谢谢! 你看, 这儿有很多人正在喝酒呢! 他们喝的是什么酒?

Xièxie! Nǐ kàn, zhèr yǒu hěn duō rén zhèngzài hē jiǔ ne!
Tāmen hē de shì shénme jiǔ?

洪吉童: 这是祭祀山神时用的酒, 人们叫它神酒。

Zhè shì jìsì shānshén shí yòng de jiǔ, rénmen jiào tā shénjiǔ.

王　刚: 我也可以尝一尝吗?

Wǒ yě kěyǐ chángyicháng ma?

洪吉童: 当然! 游人都可以免费品尝。

Dāngrán! Yóurén dōu kěyǐ miǎnfèi pǐncháng.

王　刚: 哇! 好喝!

Wā! Hǎohē!

洪吉童: 咱们继续往前逛吧。

Zánmen jìxù wǎngqián guàng ba.

王　刚: 好的。你看, 那边的人们在看什么呢? 看得那么聚精会神。

Hǎo de. Nǐ kàn, nàbian de rénmen zài kàn shénme ne?

Kàn de nàme jùjīnghuìshén.

洪吉童: 他们在看"官奴假面剧"表演。

Tāmen zài kàn "Guānnú jiǎmiàn jù" biǎoyǎn.

王　刚: 演员们怎么既不说，又不唱呢？

Yǎnyuán men zěnme jì bù shuō, yòu bú chàng ne?

洪吉童: 是的，这是无言假面剧。

Shì de, zhè shì wú yán jiǎmiàn jù.

王　刚: 剧的大意是什么？

Jù de dàyì shì shénme?

洪吉童: 是一对恋人由误会到和解的爱情故事。

Shì yí duì liànrén yóu wùhuì dào héjiě de àiqíng gùshi.

王　刚: 这么有意思啊! 咱们也在这儿欣赏一下吧。

Zhème yǒu yìsi a! zánmen yě zài zhèr xīnshǎng yíxià ba.

洪吉童: 没问题!

Méi wèntí!

단어

终于 zhōngyú 마침내
亲眼 qīnyǎn 직접, 제 눈으로
热闹 rènao 시끌벅적하다, 떠들썩하다
集市 jíshì 장
陪 péi ~와 함께, ~을 모시고
逛逛 guàngguang 돌아다니다, 구경 다니다
　　(참고) 散散步, 溜达溜达
山神 shānshén 산신
神酒 shénjiǔ 신주
免费 miǎnfèi 무료
品尝 pǐncháng 맛보다, 시식하다
聚精会神 jùjīnghuìshén
　　정신을 집중하다, 열중하다

官奴假面剧 Guānnú jiǎmiàn jù 관노가면극
表演 biǎoyǎn 공연(하다)
演员 yǎnyuán 출연배우
既~又~ jì~yòu~
　　~하기도 하고 또 ~하기도 하다
大意 dàyì 대의
恋人 liànrén 연인, 애인
误会 wùhuì 오해(하다)
和解 héjiě 화해(하다)
爱情故事 àiqíng gùshi 사랑 이야기
有意思 yǒu yìsi 재미있다
欣赏 xīnshǎng 감상하다, 마음에 들어 하다

1. 在~呢

"在~呢" 구식은 중간에 동사나 동사구를 써서 동작의 진행을 표시한다. "在" 대신에 "正在"、"正" 등을 쓸 수 있다. "正在"、"在"、"正"을 포함하면 문장 끝의 "呢"를 생략할 수 있으며, 어떤 때는 문장 끝에 "呢"만 쓰고 "正在"、"正"、"在" 등은 생략할 수도 있다.

(1) 这儿有很多人正在喝酒呢!

　　(여기에 있는 아주 많은 사람들이 술을 마시고 있다.)

(2) 别说话, 人家打电话呢。

　　(말하지 마라, 다른 사람이[내가] 전화하고 있어.)

바꾸기 연습

学生们		画画儿	
他们	正在/在/正	表演官奴假面剧	(呢)。
外面		下大雨	
孩子		睡觉	呢。

2. 尝一尝

중국어에서 동사를 중첩시켜 짧은 시간에 진행되는 일, 시험 삼아 해보는 일, 여러 차례 반복하는 일을 표시할 수 있다. 동사 중첩형식은 주로 구어에서 사용되며 가벼운 어감을 수반한다.

단음절동사의 중첩형식은 "AA"、"A一A"、"A了A" 등 세 가지가 있는데 예를 들면 "试试"、"试一试"、"试了试"、"看看"、"看一看"、"看了看" 등과 같다.

2음절동사의 중첩형식은 "ABAB"、"AB了AB" 등 두 가지가 있는데 예를 들면 "考虑考虑"、"考虑了考虑"、"讨论讨论"、"讨论了讨论" 등과 같다.

이 중 "AB了AB"의 구식은 구어에서 흔히 "AB了一下"로 사용되는데 예를 들면 "考虑了一下"、"讨论了一下" 등과 같다.

바꾸기 연습(동사의 중첩형식으로)

这件衣服可以试吗？
她看了一眼那个苹果, 没买。
这个问题应该研究。
你要学习他们的经验。

→

这件衣服可以试试吗？
她看了看那个苹果, 没买。
这个问题应该研究研究。
你要学习学习他们的经验。

3. 동사 + 得 + 정도보어

중국어에서 정도보어는 동작이 도달한 정도나 동작의 상태를 설명하는데, 흔히 형용사(구)로 충당된다. 동사 뒤 정도보어 앞에는 구조조사 "得"가 와서 정도보어를 이끌어주어야 한다. 그래서 정도보어의 구식은 "동사 + 得 + 정도보어[형용사(구)]"의 형식이 된다.

   (1) 他们看得聚精会神。(그들은 정신을 집중해서 본다.)

부정형식은 정도보어 바로 앞에 "不"를 덧붙이며, 정반의문문은 정도보어의 긍정과 부정형식을 병렬시킨다.

   (2) 我唱得不好。(나는 노래를 잘 하지 못한다.)
   (3) 王刚画得好不好? (왕강은 그림을 잘 그리니? 잘 그리지 못하니?)

동사 뒤에 목적어와 정도보어가 함께 있을 때는 반드시 목적어 뒤에 동사를 한 번 더 중첩시켜야 한다.
만약 목적어를 강조하려고 하거나 또는 목적어가 비교적 복잡할 때는 목적어를 주어 앞이나 동사 앞으로 도치시킬 수 있다.

   (4) 洪吉童说汉语说得不错。(홍길동은 중국어를 아주 잘 한다.)
   (5) 洪吉童汉语说得不错。(중국어를 홍길동은 아주 잘 한다.)
   (6) 这个汉字洪吉童写得最好。(이 한자를 홍길동은 가장 잘 썼다.)

洪吉童	踢		很好。
洪吉童	踢		不好。
洪吉童	踢	得	好不好?
洪吉童	踢足球踢		很好。
洪吉童足球	踢		不好。
足球洪吉童	踢		好不好?

4. 既~又~

두 가지 상황이나 성질이 동시에 존재함을 표시한다.

(1) 演员们既不说，又不唱。
   (출연 배우들은 말하지도 않고 또 노래하지도 않는다.)
(2) 首都北京既古老又现代。
   (수도 베이징은 오래되기도 하였고 또한 현대적이기도 하다.)

端午扇子能避暑，也能辟邪。	→	端午扇子既能避暑，又能辟邪。
她妈妈很年轻，也很漂亮。		她妈妈既年轻，又漂亮。
这个西瓜个儿大，味道甜。		这个西瓜既大，又甜。
那个食堂的饭菜又贵又不好吃。		那个食堂的饭菜既贵又不好吃。

연습문제

1. 다음 중국어의 한어병음과 뜻을 적으시오.

(1) 终于(　　　　　　　)(　　　　　　　　)

(2) 热闹(　　　　　　　)(　　　　　　　　)

(3) 免费(　　　　　　　)(　　　　　　　　)

(4) 误会(　　　　　　　)(　　　　　　　　)

2. 다음 한어병음의 중국어와 뜻을 적으시오.

(1) guàngguang(　　　　　　　)(　　　　　　　)

(2) pǐncháng(　　　　　　　)(　　　　　　　)

(3) yǒu yìsi(　　　　　　　)(　　　　　　　)

(4) xīnshǎng(　　　　　　　)(　　　　　　　)

3. 다음 괄호 안에 적당한 중국어를 넣으시오.

(1) 我(　　　　)你好好逛逛!

(2) 我也可以尝(　　　　)尝吗?

(3) 演员们怎么(　　　　)不说, (　　　　)不唱呢?

(4) 是一对恋人(　　　　)误会(　　　　　　)和解的爱情故事。

4. 본문에 근거하여 다음 물음에 중국어로 답하시오.

(1) 王刚和洪吉童到了哪里?

(2) 他们参加了什么活动?

(3) 什么是神酒? 什么人可以免费品尝?

(4) 王刚和洪吉童看了什么假面剧? 什么内容?

단오장
(端午集市)

王　刚: 南大川两边，帐篷一个挨着一个，那是做什么的？

Nándàchuān liǎng biān, zhàngpeng yí ge āi zhe yí ge, nà shì zuò shénme de?

洪吉童: 是商铺和餐馆，还有"乱场"，"乱场"就是商品交易的地方。在这里既能买到各式各样的商品，也能吃到各种各样的美味佳肴，令人流连忘返。

Shì shāngpù hé cānguǎn, háiyǒu "luànchǎng", "luànchǎng" jiù shì shāngpǐn jiāoyì de dìfang. Zài zhèli jì néng mǎidào gèshìgèyàng de shāngpǐn, yě néng chīdào gèzhǒnggèyàng de měiwèi jiāyáo, lìng rén liúlián wàngfǎn.

王　刚: 我想买一些有纪念意义的小礼物，买什么好呢？

Wǒ xiǎng mǎi yìxiē yǒu jìniàn yìyì de xiǎo lǐwù, mǎi shénme hǎo ne?

洪吉童: 买苏涂吧，就是长竿上镶着木刻鸟的东西。它是村庄的守护神，人们供奉它，相信它能阻挡火灾、干旱、疾病等灾害。

Mǎi sūtú ba, jiù shì cháng gān shang xiāng zhe mùkèniǎo de dōngxi. Tāshì cūnzhuāng de shǒuhù shén, rénmen gòngfèng tā, xiāngxìn tā néng zǔdǎng huǒzāi、gānhàn、jíbìng děng zāihài.

王　刚: 这么有意义的民俗纪念品啊！咱俩逛了半天，我渴了，去喝点儿什么吧？

Zhème yǒu yìyì de mínsú jìniànpǐn a! Zánliǎ guàng le bàntiān, wǒ kě le, qù hē diǎnr shénme ba?

洪吉童: 好啊。你想喝什么？

Hǎo a. Nǐ xiǎng hē shénme?

王　　刚：有没有江陵地区特有的饮料?

　　　　　Yǒu méiyǒu Jiānglíng dìqū tè yǒu de yǐnliào?

洪吉童：以前喝菖蒲水和益母草汁, 现在人们改喝马格利酒了。
　　　　　咱们喝马格利酒吧?

　　　　　Yǐqián hē chāngpú shuǐ hé yìmǔcǎo zhī, xiànzài rénmen gǎi hē mǎgélì jiǔ le. Zánmen
　　　　　hē mǎgélì jiǔ ba?

王　　刚：不知不觉喝到现在了, 来不及吃晚饭了。
　　　　　咱俩去参加民俗体验活动吧。

　　　　　Bù zhī bù jué hē dào xiànzài le, láibují chī wǎnfàn le.
　　　　　Zánliǎ qù cānjiā mínsú tǐyàn huódòng ba.

洪吉童：行。先去喝点儿凉快的可乐, 然后再去体验馆吧。

　　　　　Xíng. Xiān qù hē diǎnr liángkuai de kělè, ránhòu zài qù tǐyàn guǎn ba.

단어

南大川 Nándàchuān 남대천(지명)

两边 liǎngbiān 양쪽

帐篷 zhàngpeng 천막
　　　(참고) "搭~", "拆~"

挨 āi 가까이 붙어 있다

商铺 shāngpù 상점

餐馆 cānguǎn 식당

乱场 luànchǎng 난장

交易 jiāoyì 장사하다

各式各样 gèshìgèyàng 각양각색, 가지각색

各种各样 gèzhǒnggèyàng 각양각색

美味 měiwèi 맛있는 음식

佳肴 jiāyáo 좋은 안주[요리]

流连忘返 liúlián wàngfǎn 놀이에 빠져 집에
　　　돌아가는 것도 잊다

苏涂 Sūtú 소도

长竿 cháng gān 긴 장대

镶 xiāng 상감하다, 박아 넣다

守护神 shǒuhù shén 수호신

供奉 gòngfèng 모시다, 공양하다

阻挡 zǔdǎng 막다

干旱 gānhàn 가뭄, 가물다

灾害 zāihài 재해

渴 kě 목마르다

菖蒲水 chāngpú shuǐ 창포물

益母草汁 yìmǔcǎo zhī 익모초즙

马格利酒 mǎgélì jiǔ 막걸리

不知不觉 bù zhī bù jué 자기도 모르는 사이에

来不及 láibují 시간에 댈 수 없다

凉快 liángkuai 시원하다

1. 정도보어

동작이 도달한 정도나 동작의 상태를 설명한다. 동사와 정도보어의 사이에는 구조조사인 "得"를 사용한다. 동사가 정도보어를 수반하면 항상 발생하는 상황, 또는 이미 발생하여 사실이 된 상황을 가리킨다. 정도보어는 형용사나 동사구, 주술구 모두 가능하다.

(1) 他的英语说得很不错。

(2) 他的汉字写得多整齐多漂亮。

(3) 你看他高兴得睡不着了。

(4) 他真会讲故事，讲得大家不停地笑。

(5) 雨下得真不小。

2. 又

뜻이 한층 더 깊어진다는 뜻을 나타낸다.

(1) 一早儿就这么热，又阴天，准有雨。

(2) 他年纪比较大，身体又不好，还在认真地工作。

"又~又~" 구식은 몇 개의 동작, 상태, 상황이 함께 존재하거나 누적되어 있음을 나타낸다.

(1) 这儿的冬天又冷又长。

(2) 天又黑，路又滑，要小心啊!

(3) 人们都称赞他又会写又会算。

보충회화2

강릉단오제의 문화체험
(江陵端午祭文化体验)

王　刚: 亲自去体验馆参加活动，好激动啊!
Qīnzì qù tǐyànguǎn cānjiā huódòng, hǎo jīdòng a!

洪吉童: 是啊。只看不做很难留下深刻的记忆。
Shì a. Zhǐ kàn bú zuò hěn nán liú xià shēnkè de jìyì.

王　刚: 我们可以参加哪些体验馆的活动?
Wǒmen kěyǐ cānjiā nǎxiē tǐyànguǎn de huódòng?

洪吉童: 民俗体验馆、农乐体验馆、科学体验馆、多文化体验馆等都可以。
Mínsú tǐyànguǎn、nóngyuè tǐyànguǎn、kēxué tǐyànguǎn、duō wénhuà tǐyànguǎn děng dōu kěyǐ.

王　刚: 什么是多文化体验馆?
Shénme shì duō wénhuà tǐyànguǎn?

洪吉童: 就是体验韩国文化和外国文化的场所。现在跟韩国人结婚的外国人越来越多。人们参加多文化体验，可以更好地理解这些外国人。
Jiù shì tǐyàn Hánguó wénhuà hé wàiguó wénhuà de chǎngsuǒ. Xiànzài gēn Hánguó rén jiéhūn de wàiguó rén yuèláiyuè duō. Rénmen cānjiā duō wénhuà tǐyàn, kěyǐ gèng hǎo de lǐjiě zhèxiē wàiguó rén.

王　刚: 是啊，只有了解外国文化，才能理解外国人并与之和睦相处。咱们去体验一下韩国传统民俗吧。

Shì a, zhǐyǒu liǎojiě wàiguó wénhuà, cáinéng lǐjiě wàiguórén bìng yǔ zhī hémù xiāng chǔ. Zánmen qù tǐyàn yíxià Hánguó chuántǒng mínsú ba.

洪吉童：好，去荡秋千吧。要是能荡到11米以上，就可以参加决赛，听说还会得到奖品呢。

Hǎo, qù dàng qiūqiān ba. Yàoshi néng dàng dào shíyī mǐ yǐshàng, jiù kěyǐ cānjiā juésài, tīngshuō hái huì dédào jiǎngpǐn ne.

王　刚：哇，好激动啊！哎，这是什么？

Wā, hǎo jīdòng a! Āi, zhè shì shénme?

洪吉童：是背架。以前韩国人用背架背东西。王刚，你也来试一下吧。

Shì bēijià. Yǐqián Hánguórén yòng bēijià bēi dōngxi. Wáng Gāng, nǐ yě lái shì yíxià ba.

王　刚：哈哈，有点儿吃力啊。看来，以前农民做农活吃了不少苦啊。咦？哪儿传来了令人兴奋的器乐声？

Hāhā, yǒudiǎnr chīlì a. Kànlái, yǐqián nóngmín zuò nónghuó chī le bù shǎo kǔ a. Yí? Nǎr chuánlái le lìng rén xīngfèn de qìyuè shēng ?

洪吉童：是从农乐体验馆传来的。咱们去看看吧。

Shì cóng nóngyuè tǐyànguǎn chuán lái de. Zánmen qù kànkan ba.

王　刚：笛子、箫、唢呐、琵琶、古琴、二胡、鼓、锣，都是中国的传统乐器。韩国有哪些传统乐器？

Dízi、xiāo、suǒnà、pípa、gǔqín、èrhú、gǔ、luó, dōu shì Zhōngguó de chuántǒng yuèqì. Hánguó yǒu nǎxiē chuántǒng yuèqì?

洪吉童：韩国的传统音乐叫农乐。长鼓、手锣、锣、鼓，都是传统农乐器。这四种乐器合奏称"四物游戏"。现代韩国社会中，"四物游戏"家喻户晓。

Hánguó de chuántǒng yīnyuè jiào nóngyuè. Chánggǔ、shǒuluó、luó、gǔ, dōu shì chuántǒng nóngyuèqì. Zhè sì zhǒng yuèqì hézòu chēng "Sì wù yóuxì". Xiàndài Hánguó shèhuì zhōng, "Sì wù yóuxì" jiāyù hùxiǎo.

王　刚：敲手锣特别能让人振奋，鼓槌又轻，节拍又快，真是独一无二的乐器。

Qiāo shǒuluó tèbié néng ràng rén zhènfèn, gǔchuí yòu qīng, jiépāi yòu kuài, zhēn shì dúyī wú'èr de yuèqì.

洪吉童：咱们去用菖蒲水洗头发吧。很久以前人们就这样做了，菖蒲水能使头发润滑。

Zánmen qù yòng chāngpú shuǐ xǐ tóufa ba. Hěn jiǔ yǐqián rénmen jiù zhèyàng zuò le. Chāngpú shuǐ néng shǐ tóufa rùnhuá.

王　刚: 哇, 用菖蒲水洗头发以后, 真是心旷神怡啊! 我饿了, 咱们去吃点儿东西吧!

Wā, yòng chāngpú shuǐ xǐ tóufa yǐhòu, zhēn shì xīnkuàng shényí a! Wǒ è le, zánmen qù chī diànr dōngxi ba!

단어

亲自 qīnzì 친히
激动 jīdòng 감격하다, 흥분하다
深刻 shēnkè 깊다
记忆 jìyì 기억
体验馆 tǐyànguǎn 체험관
多文化 duō wénhuà 다문화
越来越~ yuèláiyuè~ 갈수록 ~하다
难免 nánmiǎn 피하기 어렵다
文化冲突 wénhuà chōngtū 문화 충돌
只有 zhǐyǒu 오직
和睦 hémù 화목하다
相处 xiāngchǔ 함께 지내다
决赛 juésài 결승전
奖品 jiǎngpǐn 상품
背架 bēijià 지게
背 bēi 지다
吃力 chīlì 힘들다
农活 nónghuó 농사일
吃苦 chīkǔ 고생하다
笛子 dízi 피리
箫 xiāo 퉁소
唢呐 suǒnà 태평소

琵琶 pípa 비파
古琴 gǔqín 고금
二胡 èrhú 얼후
鼓 gǔ 북
锣 luó 징
长鼓 chánggǔ 장구
手锣 shǒuluó 꽹과리
合奏 hézòu 합주(하다)
称之为~ chēng zhī wéi~ ~라고 부르다
四物游戏 sì wù yóuxì 사물놀이
家喻户晓 jiāyù hùxiǎo 집집마다 다 알고 있다
振奋 zhènfèn 분발시키다, 진작시키다
鼓槌 gǔchuí 북채
节拍 jiépāi 리듬, 박자
独一无二 dúyī wú'èr 유일무이하다
润滑 rùnhuá 매끄럽게 하다
心旷神怡 xīnkuàng shényí 마음이 트이고 기분이 유쾌하다
民以食为天 mín yǐ shí wéi tiān 백성은 먹고 사는 것을 가장 중요하게 여긴다
(참고) 以人为本

1. 正在

동작이 한 장 진행 중에 있음을 나타낸다. 동사 앞에 "正在", "正", "在" 등을 붙이거나, 아니면 문장 끝에 어기조사 "呢"를 붙인다. "正在", "正", "在" 등과 "呢"를 동시에 사용해도 된다.

(1) 张老师正在吃饭, 咱们一会儿再来吧。
(2) 他们正练习节目, 你进来看看吧。
(3) 节日快到了, 人们都在准备过节呢。

2. 형용사의 중첩

형용사의 중첩은 성질이나 상태의 정도가 더욱 심화됨을 나타낸다. 2음절 형용사는 "ＡＡＢＢ"식으로 중첩한다.

"热热闹闹"、"安安静静"、"高高兴兴"、"干干净净"、"整整齐齐"、"清清楚楚"

2음절형용사를 중첩하여 부사어로 사용할 때는 일반적으로 구조조사 "地"를 뒤에 써야 한다.

(1) 他不舒服, 让他安安静静地休息一下儿。
(2) 孩子高高兴兴地到公园去了。

강릉단오제 3

주문진항

허난설헌과
허균의 생가

진고개
소금강

강릉동계올림픽센터

경포호수

강릉임영관 객사문

강릉임영관 칠사당

강릉단오장터
강릉단오제본부

상원사
비로봉

대관령옛길

월정사 전나무숲길

선자령
대관령
양떼목장

대관령박물관

제왕산

강릉국사성황당

하슬라
아트월드

정동진역

동계
센터

촛대 바위

추암역

강릉단오제 3
(江陵端午祭)

王　　刚: 哇! 刚才的官奴假面剧太精彩了!

　　　　　Wā! Gāngcái de Guānnú jiǎmiàn jù tài jīngcǎi le!

洪吉童: 是啊。不过, 还有更多有特色的活动呢! 咱们继续看吧!

　　　　　Shì a. Búguò, hái yǒu gèng duō yǒu tèsè de huódòng ne! Zánmen jìxù kàn ba!

王　　刚: 哎, 那里有不少孩子, 他们在干什么呢? 我们过去看看吧!

　　　　　Ái, nàli yǒu bù shǎo háizi, tāmen zài gàn shénme ne? Wǒmen guòqù kànkan ba!

洪吉童: 这里是在扇子上画画儿的体验馆。

　　　　　Zhèli shì zài shànzi shang huàhuàr de tǐyànguǎn.

王　　刚: 可以在扇子上随便画吗?

　　　　　Kěyǐ zài shànzi shang suíbiàn huà ma?

洪吉童: 是的, 可以。听说这样的扇子既能避暑, 又能辟邪。

　　　　　Shì de, kěyǐ. Tīngshuō zhèyàng de shànzi jì néng bì shǔ, yòu néng bì xié.

王　　刚: 扇子有这么大的作用啊, 咱们也来画一把吧!

　　　　　Shànzi yǒu zhème dà de zuòyòng a, zánmen yě lái huà yì bǎ ba!

洪吉童: 你画得真不错!

　　　　　Nǐ huà de zhēn búcuò!

王　　刚: 哪里哪里, 我没有你画得好。

　　　　　Nǎli nǎli, wǒ méiyǒu nǐ huà de hǎo.

洪吉童: 你学画画儿学了多长时间?

Nǐ xué huàhuàr xué le duō cháng shíjiān?

王　刚: 我只学了一年，所以画得不好。

　　　　Wǒ zhǐ xué le yì nián, suǒyǐ huà de bù hǎo.

洪吉童: 你太谦虚了!

　　　　Nǐ tài qiānxū le!

王　刚: 除了画扇子以外，还有更刺激的体验活动吗?

　　　　Chúle huà shànzi yǐwài, háiyǒu gèng cìjī de tǐyàn huódòng ma?

洪吉童: 你看那边，孩子们荡秋千荡得多高，怎么样? 够刺激吧? 要不
　　　　要试一试?

　　　　Nǐ kàn nàbiān, háizi men dàng qiūqiān dàng de duō gāo, zěnmeyàng?

　　　　Gòu cìjī ba? Yào bu yào shì yi shì?

王　刚: 走! 咱们也去荡一会儿吧!

　　　　Zǒu! Zánmen yě qù dàng yíhuìr ba!

단어

刚才 gāngcái 방금 전　　　　　　　　　　　(참고) 起~

精彩 jīngcǎi 훌륭하다, 뛰어나다　　　　　把 bǎ 자루(손잡이가 있는 물건을 세는 양사)

扇子 shànzi 부채　　　　　　　　　　　　(참고) 一~椅子, 两~伞

画画儿 huà huàr 그림을 그리다　　　　　谦虚 qiānxū 겸손(하다)

　　(참고) 扇扇子 shān shànzi, 背背包 bēi　　荡 dàng 흔들다, 뛰다

　　bèibāo 做作业 zuò zuòyè　　　　　　秋千 qiūqiān 그네

随便 suíbiàn 마음대로, 제멋대로　　　　　(참고) 荡~, 打~

避暑 bì shǔ 피서(하다)　　　　　　　　多高 duō gāo 얼마나 큰가?(!)

辟邪 bì xié 벽사(하다)　　　　　　　　够 gòu 충분히

作用 zuòyòng 역할, 효과

1. 太~了

"太~了"의 구식은 어떤 상황의 정도가 높음을 감탄할 때 사용된다.

刚才的官奴假面剧太精彩了! (방금 전의 관노가면극은 정말 훌륭하다.)

바꾸기 연습

今天		热	
考试题	太	难	了。
我们老师		漂亮	
爬山		累	

2. A + 有/没有 + B + 형용사(구)

"A + 有/没有 + B + 형용사(구)"는 비교 시에 사용되는데 어느 정도에 도달했는지, 못했는지 여부를 표시한다. 이러한 비교 방식은 일반적으로 의문문이나 부정문에서 사용된다.

哪里哪里, 我没有你画得好。
(천만의 말씀을요, 저는 당신만큼 잘 그리지는 못합니다.)

바꾸기 연습

你	有	他		高	吗?
黄河		长江	(那么)	长	
沈阳故宫	没有	北京故宫		大。	
南方队		北方队	踢得好。		

3. 동사 + 了 + 시량사

"동사 + 了 + 시량사(时量词)"는 한 동작이나 상태가 지속된 시간의 길이를 표시한다.

我只学了一年。(나는 겨우 1년 동안만 배웠다.)

바꾸기 연습

我们	休息		十分钟。
一顿饭	吃		三个小时。
这件衣服	做	了	一个月。
他们	聊		好半天。

4. 除了A以外

"除了A以外"의 구식은 뒤에 "还"、"也"와 함께 쓰여 "A" 이외에도 또한 다른 것이 더 있음을 표시한다.

(1) 除了画扇子以外, 还有更刺激的体验活动吗? (부채를 그리는 것 이외에 도 또한 더욱 신나게 하는 체험행사가 더 있습니까?)

한편 이 구식은 뒤에 "都"와 함께 쓰여 "A"를 제외한 모두를 표시하기도 한다.

(2) 除了老师以外, 学生们都是韩国人。
(선생님을 제외하고 학생들은 모두 한국인이다.)

바꾸기 연습

她除了	学习汉语		还学习英语。
除了	我	以外,	父母也去旅行。
这个工作除了	小王		别的人都不行。
李东除了	可乐	以外,	什么都不喝。

1. 다음 중국어의 한어병음과 뜻을 적으시오.

    (1) 刚才(   )(   )

    (2) 扇子(   )(   )

    (3) 随便(   )(   )

    (4) 秋千(   )(   )

2. 다음 한어병음의 중국어와 뜻을 적으시오.

    (1) jīngcǎi(   )(   )

    (2) huà huàr(   )(   )

    (3) zuòyòng(   )(   )

    (4) duō gāo(   )(   )

3. 다음 괄호 안에 적당한 중국어를 넣으시오.

    (1) (   )的官奴假面剧太精彩了!

    (2) 你画(   )真不错!

    (3) 听说这样的扇子(   )能避暑, (   )能辟邪。

    (4) (   )画扇子以外, (   )有更刺激的体验活动吗?

4. 본문에 근거하여 다음 물음에 중국어로 답하시오.

    (1) 王刚和洪吉童参加了什么体验活动? 他们还想参加什么活动?

    (2) 王刚学画画儿学了多长时间?

    (3) 在体验馆画的扇子有什么作用?

    (4) 洪吉童觉得荡秋千是一项什么样的活动?

보충회화

단오장의 먹거리 체험
(体验端午集市美食)

洪吉童: 这里用帐篷搭建的临时餐馆很多, 饮食的种类也十分丰富。王刚, 你最喜欢吃什么韩国饭菜?

Zhèli yòng zhàngpeng dājiàn de línshí cānguǎn hěn duō, yǐnshí de zhǒnglèi yě shífēn fēngfù. Wáng Gāng, nǐ zuì xǐhuan chī shénme Hánguó fàncài?

王　刚: 韩国饮食我都喜欢。

Hánguó yǐnshí wǒ dōu xǐhuan.

洪吉童: 血肠汤饭或者风味汤饭怎么样? 这些都是韩国老百姓喜爱的美食。

Xiěcháng tāng fàn huòzhě fēngwèi tāngfàn zěnmeyàng? Zhè xiē dōu shì Hánguó lǎobǎixìng xǐ'ài de měishí.

王　刚: 太好了! 再来份儿小葱煎饼和马格利酒。

Tài hǎo le! Zài lái fènr xiǎo cōng jiānbǐng hé mǎgélì jiǔ.

洪吉童: 王刚, 你比我还了解韩国人的习惯啊。很了不起! 那么, 韩国人先去1次场所吃饭, 再去2次场所喝酒的习惯你也知道吧?

Wáng Gāng, nǐ bǐ wǒ hái liǎojiě Hánguó rén de xíguàn a. Hěn liǎobuqǐ! Nàme, Hánguó rén xiān qù yí cì chǎngsuǒ chī fàn, zài qù èr cì chǎngsuǒ hē jiǔ de xíguàn nǐ yě zhīdào ba?

王　刚: 知道。那我们去2次场所喝点儿啤酒吧。今天晚上真是令人难忘! 我请客!

Zhīdào. Nà wǒmen qù èr cì chǎngsuǒ hē diǎnr píjiǔ ba. Jīntiān wǎnshang zhēn shì lìng rén nán wàng! Wǒ qǐngkè!

洪吉童: 今天体验了一天。王刚，你体验到了韩国文化的精髓，对我
来说，今天也是意义非凡。为了我们的健康和友谊，干杯!

Jīntiān tǐyàn le yìtiān. Wáng Gāng, nǐ tǐyàn dào le Hánguó wénhuà de jīngsuǐ. Duì wǒ lái shuō, jīntiān yě shì yìyì fēi fán. Wèile wǒmen de jiànkāng hé yǒuyì, gānbēi!

단어

饮食 yǐnshí 음식, 마실 것과 먹을 것

饭菜 fàncài 밥과 요리, 식사

搭建 dājiàn 세우다
  (참고) ~帐篷

种类 zhǒnglèi 종류

十分 shífēn 매우

血肠汤饭 xiěcháng tāng fàn 순대 국밥

老百姓 lǎobǎixìng 일반민, 대중

喜爱 xǐài 좋아하다

美食 měishí 맛있는 음식

份儿 fènr 인분

小葱煎饼 xiǎo cōng jiānbǐng 파전

啤酒 píjiǔ 맥주

令人难忘 lìng rén nán wàng 잊기 어렵게 하다

~不过 ~búguò 대단히, 지극히, 더없이

精髓 jīngsuǐ 정수

非凡 fēi fán 뛰어나다, 비범하다

友谊 yǒuyì 우정

보충 학습

1. 就是

긍정이 확고함을 강조한다. 또한 범위를 확정하며 다른 것을 배제할 때도 사용 가능하다.

(1) 这儿的天气变化就是大。
(2) 不管怎么说, 他就是不同意。
(3) 这里的冬天不算冷, 就是风多。
(4) 他学习工作都很不错, 就是身体不太好。

2. 就是说

윗 구에서 제기한 일에 대해 견해[관점]를 바꿔 한층 더 깊이 설명하고 해설을 해준다.

(1) 明天是星期天。 – 就是说, 我们又该休息了?
(2) 史密斯还在医院呢。 – 就是说, 他的病还没完全好?

临瀛馆的客舍门和七事堂

제5과

임영관 객사문과 칠사당

주문진항

허난설헌과
허균의 생가

진고개
소금강
강릉동계올림픽센터
경포호수

강릉임영관 객사문

강릉임영관 칠사당
강릉단오장터
강릉단오제본부

상원사
비로봉
대관령옛길
선자령
대관령
양떼목장
대관령박물관
하슬라
아트월드
정동진역

월정사 전나무숲길
강릉국사성황당
제왕산

통계
센터

촛대 바위
추암역

임영관 객사문과 칠사당
(临瀛馆的客舍门和七事堂)

王　刚: 洪吉童, 这座建筑挺古老啊!

Hóng Jítóng, zhè zuò jiànzhù tǐng gǔlǎo a!

洪吉童: 这是临瀛馆, 是高丽末期的建筑。

Zhè shì Línyíngguǎn, shì Gāolí mòqī de jiànzhù.

王　刚: 看样子它完全是用木头建造的, 是吧?

Kàn yàngzi tā wánquán shì yòng mùtou jiànzào de, shì ba?

洪吉童: 是的, 这是我国的代表性建筑之一。

Shì de, zhè shì wǒ guó de dàibiǎoxìng jiànzhù zhī yī.

王　刚: 当时为什么要建造这样一座建筑呢?

Dāngshí wèishénme yào jiànzào zhèyàng yí zuò jiànzhù ne?

洪吉童: 是为了给中央派遣的使臣们住宿的。

Shì wèile gěi zhōngyāng pàiqiǎn de shǐchén men zhùsù de.

王　刚: 门楼上的牌匾挺别致啊!

Ménlóu shàng de páibiǎn tǐng biézhì a!

洪吉童: 你说得很对, 那是高丽时期恭愍王亲笔题名的牌匾。

Nǐ shuō de hěn duì, nà shì Gāolí shíqī Gōngmǐnwáng qīnbǐ tímíng de páibiǎn.

王　刚: 嗬! 写得真漂亮啊!

Hē! Xiě de zhēn piàoliang a!

洪吉童: 你看看客舍正门怎么样?

Nǐ kànkan kèshè zhèngmén zěnmeyàng?

王　刚: 保存得很完好啊!

Bǎocún de hěn wánhǎo a!

洪吉童: 是，客舍正门已经被指定为国宝51号了。

Shì, kèshè zhèngmén yǐjīng bèi zhǐdìng wéi guóbǎo wǔshíyī hào le.

王　刚: 这么重要的文物啊，咱们可得在这儿照张相!

Zhème zhòngyào de wénwù a, zánmen kě děi zài zhèr zhào zhāng xiàng!

洪吉童: 咱俩来张自拍吧?

Zánliǎ lái zhāng zì pāi ba?

王　刚: 好啊! 来! 一、二! 茄子! 哈哈哈!

Hǎo a! Lái! Yī、èr! Qiézi! Hāhāhā!

단어

座 zuò (양사)산·다리·건축물을 세는 단위
建筑 jiànzhù 건물, 건설하다
挺 tǐng 아주, 매우
古老 gǔlǎo 오래 되다
临瀛馆 Línyíngguǎn 임영관(관광명소)
高丽 Gāolí 고려(왕조명)
　　(참고) 高句丽 gāogōulí
　　朝鲜 cháoxiǎn
　　济南 jǐnán
　　重庆 chóngqìng
末期 mòqī 말기
建造 jiànzào 짓다, 건축하다
代表性 dàibiǎoxìng 대표적
派遣 pàiqiǎn 파견하다
使臣 shǐchén 파견 관리, 외교 사신
门楼 ménlóu 대문[성문] 위의 다락집, 문루

牌匾 páibiǎn 편액, 간판
别致 biézhì 특이하다, 색다르다, 각별하다
恭愍王 Gōngmǐnwáng 공민왕(고려왕의 묘호)
亲笔 qīnbǐ 친필
题名 tímíng 서명하다, 사인하다
嗬 hē (감탄사)허, 아(놀람을 나타내는 말)
客舍 kèshè 객사, 여관
完好 wánhǎo 완전하다, 흠이 없다
国宝 guóbǎo 국보
文物 wénwù 문물, 문화재
照相 zhàoxiàng 사진 찍다
自拍 zìpāi 셀프카메라를 찍다
　　(참고) ~杆
茄子 qiézi 가지(사진 찍을 때 하는 '김치'와 같
　　은 말)

1. 挺~啊

"挺"은 부사로서 "很"과 같은 뜻을 나타낸다. 흔히 "啊"와 결합하여 "挺~啊"의 구식을 이루며 감탄을 표시하는 데 사용한다.

这座建筑挺古老啊! (이 건물은 아주 오래 되었구나!)

바꾸기 연습

你画得		好	
这里的水	挺	干净	啊!
你的房间		大	
这个菜		辣	

2. 看样子

"看样子"는 '보아하니 ~인 듯하다'는 뜻으로 일반적으로 문장 첫머리에서 짐작하고 예측할 때 사용된다.

看样子它完全是用木头建造的。
(보아하니 그것은 완전히 목재로 지은 듯하다.)

바꾸기 연습

	他是个外国人。
看样子	李教授今天心情很好。
	这是一座很古老的建筑。
	这些人都是来江陵旅游的。

3. 是~之一

"~之一"의 뜻은 '~ 가운데 하나'인데, 흔히 "是~之一"의 구식으로 사용된다.

这是我国的代表性建筑之一。
(이것은 우리나라의 대표적인 건축물 가운데 하나이다.)

江陵赛区		2018冬奥会赛区	
江陵原州大学	是	韩国的国立大学	之一。
滑雪		冬奥会比赛项目	
中央市场		江陵的大市场	

4. ~吧?

어떤 일에 대해 추측은 되지만 아직 확신할 수 없을 때 "~吧?"를 써서 물어볼 수 있다.

明天不上课, 是吧? (내일은 수업하지 않지, 그렇지?)

你是坐公交车来的	
看样子它完全是用木头建造的, 是	吧?
你不喜欢吃辣的	
那里正在上课	

5. 为了~

"为了~"는 목적을 표시한다.

是为了给中央派遣的使臣们住宿的。

(중앙 조정에서 파견한 관리들에게 묵을 곳을 주기 위한 것이었다.)

为了身体健康,	他每天运动。
为了得到好成绩,	李东努力学习。
王刚晚上睡得早,	是为了第二天不迟到。
妈妈不工作,	是为了照顾孩子们。

1. 다음 중국어의 한어병음과 뜻을 적으시오.

(1) 建筑(   )(   )

(2) 古老(   )(   )

(3) 建造(   )(   )

(4) 茄子(   )(   )

2. 다음 한어병음의 중국어와 뜻을 적으시오.

(1) tǐng(   )(   )

(2) pàiqiǎn(   )(   )

(3) guóbǎo(   )(   )

(4) zhàoxiàng(   )(   )

3. 다음 괄호 안에 적당한 중국어를 넣으시오.

(1) 这座建筑(   )古老啊!

(2) 看(   )它完全是用木头建造的，是吧?

(3) 是(   )给中央派遣的使臣们住宿的。

(4) 客舍正门已经(   )指定为国宝51号了。

4. 본문에 근거하여 다음 물음에 중국어로 답하시오.

(1) 临瀛馆是什么时期的建筑? 当时它有什么用处?

(2) 临瀛馆的建筑特点是什么?

(3) 为临瀛馆牌匾题名的人是谁?

(4) 临瀛馆现在还是客舍吗? 为什么?

보충회화1

임영관
(临瀛馆)

王　　刚：江陵好像有两个汽车客运站。
　　　　　Jiānglíng hǎoxiàng yǒu liǎng ge qìchē kèyùnzhàn.

洪吉童：是的。一个是高速巴士客运站，还有一个是长途巴士客运站。
　　　　　Shì de. Yí ge shì gāosù bāshì kèyùnzhàn, hái yǒu yí ge shì chángtú bāshì kèyùnzhàn.

王　　刚：临瀛馆怎么去？
　　　　　Línyíngguǎn zěnme qù ?

洪吉童：在长途巴士客运站前坐302路公交车就行。王刚，你为什么最
　　　　　先想去临瀛馆呢？
　　　　　Zài chángtú bāshì kèyùnzhàn qián zuò sān líng èr lù gōngjiāochē jiù xíng. Wáng Gāng,
　　　　　nǐ wèi shénme zuì xiān xiǎng qù Línyíngguǎn ne?

王　　刚：我对以前的韩国建筑很感兴趣。听说临瀛馆是高丽时期的
　　　　　客舍，客舍门至今仍然留存着。
　　　　　Wǒ duì yǐqián de Hánguó jiànzhù hěn gǎn xìngqù. Tīngshuō Línyíngguǎn shì Gāolí shíqī
　　　　　de kèshè, kèshè mén zhìjīn réngrán liúcún zhe.

洪吉童：是的。临瀛馆是高丽时期唯一的官衙建筑。
　　　　　门楼上的牌匾也是高丽时期恭愍王亲笔题名的。王刚，中国
　　　　　的故宫金碧辉煌，那是皇帝居住的地方吗？
　　　　　Shì de. Línyíngguǎn shì Gāolí shíqī wéiyī de guānyá jiànzhù. Ménlóu shang de páibiǎn
　　　　　yě shì Gāolí shíqī Gōngmǐnwáng qīnbǐ tímíng de. Wáng Gāng, Zhōngguó de Gùgōng
　　　　　jīnbìhuīhuáng, nàshì huángdì jūzhù de dìfang ma?

王　　刚：是的。韩国国王居住的建筑是景福宫吧？

Shì de. Hánguó guówáng jūzhù de jiànzhù shì Jǐngfúgōng ba?

洪吉童：对。除了景福宫外，还有昌德宫、昌庆宫。

Duì. Chúle Jǐngfúgōng wài, hái yǒu Chāngdégōng、Chāngqìng gōng.

王　　刚：景福宫我去看过，它很有韩国特色。所以这次我就选择了江陵的临瀛馆，很想去看看。

Jǐngfúgōng wǒ qù kàn guo, tā hěn yǒu Hánguó tèsè. Suǒyǐ zhè cì wǒ jiù xuǎnzé le Jiānglíng de Línyíngguǎn, hěn xiǎng qù kànkan.

단어

汽车客运站 qìchē kèyùnzhàn 버스터미널
好像 hǎoxiàng 마치 ~인 것 같다
高速巴士 gāosù bāshì 고속버스
长途巴士 chángtú bāshì 시외버스
首尔 Shǒu'ěr 서울(지명)
临瀛馆 Línyíngguǎn 임영관(관광명소)
公交车站 gōngjiāochēzhàn 시내버스 정거장
值得 zhídé ~할 가치가 있다
客舍门 kèshèmén 객사문(관광명소)
仍然 réngrán 여전하다
唯一 wéiyī 유일하다

官衙 guānyá 관청, 관아
四合院 sìhéyuàn 사합원
故宫 Gùgōng 고궁(중국의 관광명소)
金碧辉煌 jīnbì huīhuáng 건축물이 눈부시게 화려하다
皇帝 huángdì 황제
国王 guówáng 국왕
景福宫 Jǐngfúgōng 경복궁(관광명소)
昌德宫 Chāngdégōng 창덕궁(관광명소)
昌庆宫 Chāngqìnggōng 창경궁(관광명소)

보충 학습

1. 几 와 多少

"二"에서 "九"까지 "十" 이하의 숫자를 물을 때 사용한다. 또한 "十"、"百"、
"千"、"万"、"亿"의 앞이나 또는 "十"의 뒤에서 개략적인 숫자를 가리킬 수
있다. 또한 "几"는 수사를 대신하기 때문에 "几"와 그것이 수식하는 명사 사이
에는 양사를 덧붙여야 한다.

　(1) 这个孩子十几岁了。
　(2) 听说这个公园里的老树都有几百年了。
　(3) 今天来的人真多, 有几千(个)人。
　(4) 你每天工作几个小时?
　(5) 他会几种外语?
　(6) 你家有几口人?

이에 비해 "多少"가 가리키는 숫자는 많아도 좋고 적어도 좋다. "多少"는 양사
를 쓰지 않고 직접 명사와 함께 쓰일 수 있다.

　(1) 你每天工作多少(个)小时?
　(2) 你们系有多少(个)学生?
　(3) 他们学了多少课了?

칠사당
(七事堂)

王　　刚: 临瀛馆旁边的七事堂是什么地方？

Línyíngguǎn pángbiān de Qīshìtáng shì shénme dìfang?

洪吉童: 是官府处理政务的地方。

Shì guānfǔ chǔlǐ zhèngwù de dìfang.

王　　刚: 七事指的是7种事情吗？

Qīshì zhǐ de shì qī zhǒng shìqing ma?

洪吉童: 对。指的是户籍、农事、兵务、教育、税金、裁判、风俗这七
种政务.

Duì. Zhǐ de shì hùjí、nóngshì、bīngwù、jiàoyù、shuìjīn、cáipàn、fēngsú zhè qī zhǒng zhèngwù.

王　　刚: 对呀，观赏江陵端午祭的时候也提到过七事堂。

Duì ya, guānshǎng Jiānglíng duānwǔjì de shíhòu yě tídào guo Qīshìtáng.

洪吉童: 是的，端午祭酿酒用的大米就是七事堂发放的。

Shì de, Duānwǔjì niàng jiǔ yòng de dàmǐ jiù shì Qīshìtáng fāfàng de.

단어

七事堂 Qīshìtáng 칠사당(관광명소)
处理 chǔlǐ 처리하다
户籍 hùjí 호적
农事 nóngshì 농사
兵务 bīngwù 병무
税金 shuìjīn 세금

裁判 cáipàn 재판(하다)
风俗 fēngsú 풍속
酿酒 niàngjiǔ 술을 빚다
大米 dàmǐ 쌀
发放 fāfàng 내놓다, 방출하다

보충 학습

1. 就

"다만(只)"의 뜻으로 쓰이는 경우 주어가 가리키는 것 이외의 사물을 배제하게 된다. 이때는 강하게 읽는다.

(1) 他也是不怕冷, 就怕刮风。
(2) 昨天别人都看演出去了, 就他一个人没去。
(3) 我就借≪现代汉语≫, 不要别的了。

2. 才

"겨우(只)"의 뜻으로 쓰이는 경우 수량이 적고 정도가 낮음을 표시한다.

(1) 今天最低气温才零下三(摄氏)度。
(2) 我一天才翻译一二十个句子。
(3) 他才学一年汉语, 要求不能太高。

五台山月精寺和上院寺

제6과

오대산 월정사와 상원사

주문진항

허난설헌과
허균의 생가

진고개

강릉동계올림픽센터

경포호수

소금강

강릉임영관 객사문

강릉임영관 칠사당

상원사

강릉단오장터
강릉단오제본부

비로봉

대관령옛길

선자령

대관령
양떼목장

대관령박물관

하슬라
아트월드

정동진역

월정사

전나무숲길

강릉국사성황당

제왕산

계
센터

촛대 바위

추암역

제6과

오대산 월정사와 상원사
(五台山月精寺和上院寺)

王　剛: 洪吉童, 江陵一带有什么名山吗?
　　　 Hóng Jítóng, Jiānglíng yídài yǒu shénme míngshān ma?

洪吉童: 这里的五台山远近闻名。
　　　 Zhèli de Wǔtáishān yuǎnjìnwénmíng.

王　剛: 是吗? 中国也有五台山, 这里的五台山跟中国的一样高吗?
　　　 Shì ma? Zhōngguó yě yǒu Wǔtáishān, zhèli de Wǔtáishān gēn Zhōngguó de yíyàng gāo
　　　 ma?

洪吉童: 韩国的五台山没有中国的那么高。
　　　 Hánguó de Wǔtáishān méiyǒu Zhōngguó de nàme gāo.

王　剛: 有多高?
　　　 Yǒu duō gāo?

洪吉童: 它的最高峰——毗卢峰海拔1563米。
　　　 Tā de zuì gāo fēng —— Pílúfēng hǎibá yìqiānwǔbǎiliùshísān mǐ.

王　剛: 哦。中国的五台山是佛教圣地, 这里的五台山也跟佛教有关
　　　 系吗?
　　　 Ò. Zhōngguó de Wǔtáishān shì fójiào shèngdì, zhèli de Wǔtáishān yě gēn fójiào yǒu
　　　 guānxi ma?

洪吉童: 是的, 是韩国的五大佛教圣山之一。
　　　 Shì de, shì Hánguó de wǔ dà fójiào shèngshān zhī yī.

王　刚：五台山的风景怎么样？

　　　　Wǔtáishān de fēngjǐng zěnmeyàng?

洪吉童：风景美极了！尤其是秋天的红叶，特别美。

　　　　Fēngjǐng měi jí le! Yóuqí shì qiūtiān de hóngyè, tèbié měi.

王　刚：著名的小金刚就在那一带吗？

　　　　Zhùmíng de Xiǎojīngāng jiù zài nà yídài ma?

洪吉童：没错儿!

　　　　Méicuòr!

王　刚：一边爬山一边欣赏美丽的景色，多好啊！

　　　　Yìbiān pá shān yìbiān xīnshǎng měilì de jǐngsè, duō hǎo a!

洪吉童：午饭后咱们一起去爬小金刚怎么样？

　　　　Wǔfàn hòu zánmen yìqǐ qù pá Xiǎojīngāng zěnmeyàng?

王　刚：好啊!

　　　　Hǎo a!

단어

一带 yídài 일대	圣地 shèngdì 성지
五台山 Wǔtáishān 오대산(관광명소)	美极了 měi jíle 지극히 아름답다
远近 yuǎnjìn 원근 각지	尤其 yóuqí 특히, 더욱
闻名 wénmíng 이름나다, 유명하다	红叶 hóngyè 단풍
(참고) 望闻问切	著名 zhùmíng 유명하다
最高峰 zuìgāofēng 최고봉	小金刚 Xiǎojīngāng 소금강(관광명소)
毗卢峰 Pílúfēng 비로봉(산봉우리 이름)	美丽 měilì 아름답다
海拔 hǎibá 해발	景色 jǐngsè 경치
佛教 fójiào 불교	午饭 wǔfàn 점심

1. 의문대명사 ~吗?

본래 특정지칭 의문대명사는 "吗"와 함께 쓰일 수 없지만, "의문대명사~吗?"
의 구식으로 사용되는 경우 여기서 의문대명사는 특정지칭 의문을 표시하지
않고 불확정, 불특정한 사물을 가리킨다.

江陵一带有什么名山吗? (강릉 일대에 뭔가 명산이 있습니까?)
(어떤 특정한 명산이 있는가를 묻는 것이 아니라 명산이 과연 있는지 없는
지를 묻는 것임)

바꾸기 연습

你	想喝点儿什么	
暑假你们	去哪儿玩玩儿	吗?
你	要跟谁见面	
你	打算买几个	

2. A + 跟 + B + 一样 + 형용사

"A+跟+B+一样"의 구식은 비교를 표시하며 두 가지 사물을 비교한 결과 똑
같거나 비슷함을 가리킨다. "一样"의 뒤에는 일반적으로 형용사를 수반한다.
이 비교 구식의 부정 시 "不"는 "一样"의 앞에 놓아야 한다.
전치사 "比"를 사용한 비교문의 부정 시 "不"를 "比"의 앞에 놓는 것과 다르
는 것에 주의해야 한다.

她跟她妈妈一样漂亮。(그녀는 그녀의 엄마와 똑같이 아름답다.)

바꾸기 연습

弟弟		哥哥			高。
汽车	跟	火车	(不)	一样	快。
这里的东西		那里的(东西)			贵。
我的手机		他的(手机)			新。

3. 有多 + 형용사?

"有多 + 형용사?"의 구식은 길이, 높이, 깊이, 나이 등을 물을 때 사용된다.

(1) 长江有多长?
   (창강은 길이가 얼마나 되는가?)
(2) 你问我爱你有多深?
   (너는 나에게 물었지, 너를 얼마만큼 깊이 사랑하느냐고?)

바꾸기 연습

五十川			长?
五台山	有	多	高?
镜浦湖			深?
他			大?

4. 一边~一边~

"一边"의 뒤쪽에 동사가 와서 두 동작이 동시에 진행됨을 표시한다.

王刚和洪吉童一边爬山, 一边欣赏美丽的景色。(왕강과 홍길동은 산에 오르는 한편으로 아름다운 경치를 감상하였다.)

바꾸기 연습

王刚		走路		打电话。
他们	一边	参观	一边	聊天儿。
洪吉童		写作业		听音乐。
这个孩子		吃饭		看电视。

1. 다음 중국어의 한어병음과 뜻을 적으시오.

(1) 五台山(   )(   )

(2) 闻名(   )(   )

(3) 佛教(   )(   )

(4) 美丽(   )(   )

2. 다음 한어병음의 중국어와 뜻을 적으시오.

(1) hǎibá(   )(   )

(2) měi jíle(   )(   )

(3) yóuqí(   )(   )

(4) jǐngsè(   )(   )

3. 다음 괄호 안에 적당한 중국어를 넣으시오.

(1) 江陵一带有(   )名山吗?

(2) 这里的五台山跟中国的(   )高吗?

(3) 韩国的五台山(   )中国的那么高。

(4) 一边爬山(   )欣赏美丽的景色, 多好啊!

4. 본문에 근거하여 다음 물음에 중국어로 답하시오.

(1) 江陵一带有什么名山?

(2) 韩国的五台山跟中国的五台山一样高吗?

(3) 韩国的五台山和中国的五台山跟哪个宗教有什么关系?

(4) 小金刚和五台山有什么特色?

오대산 전나무숲과 월정사
(五台山枞树林和月精寺)

王　刚: 五台山旅游指南上说枞树林很有名。

　　　 Wǔtáishān lǚyóu zhǐnán shang shuō cōngshùlín hěn yǒumíng.

洪吉童: 对, 很多人来这里享受森林浴。

　　　 Duì, hěn duō rén lái zhèli xiǎngshòu sēnlínyù.

王　刚: 枞树林大约有多长?

　　　 Cōngshùlín dàyuē yǒu duō cháng?

洪吉童: 1千米左右。

　　　 Yìqiān mǐ zuǒyòu.

王　刚: 你看! 有一个人赤脚走的, 也有全家人一起走的。

　　　 Nǐ kàn! Yǒu yí ge rén chì jiǎo zǒu de, yě yǒu quánjiā rén yìqǐ zǒu de.

洪吉童: 对啊, 踩着泥土地, 呼吸着新鲜空气, 身心都很愉悦。

　　　 Duì a, cǎi zhe nítǔ dì, hūxī zhe xīnxiān kōngqì, shēnxīn dōu hěn yúyuè.

王　刚: 看到枞树林尽头的寺庙了。

　　　 Kàn dào cōngshùlín jìntóu de sìmiào le.

洪吉童: 那就是月精寺。在曹溪宗第4教区本寺中, 它算是规模宏阔
　　　 的寺庙。

　　　 Nà jiù shì Yuèjīngsì. Zài Cáoxīzōng dì sì jiàoqū běnsì zhōng, tā suàn shì guīmó hóngkuò
　　　 de sìmiào.

王　刚: 旁边还有一个鱼模样的雕刻物。

　　　 Pángbiān hái yǒu yí ge yú múyàng de diāokèwù.

洪吉童: 那是木鱼, 它和梵钟、云版、法鼓等合称为佛殿四物。凌晨和傍晚拜佛时使用。

Nà shì mùyú, tā hé fànzhōng、yúnbǎn、fǎgǔ děng héchēng wéi fódiàn sì wù. Língchén hé bàngwǎn bàifó shí shǐyòng.

王　刚: 哦。对了, 月精寺这个名称是怎么来的?

Ò. Duìle, Yuèjīngsì zhè ge míngchēng shì zěnme lái de?

洪吉童: 因为它汲取了东台满月山的精气, 所以人们叫它月精寺。

Yīnwèi tā jíqǔ le Dōngtái Mǎnyuèshān de jīngqì, suǒyǐ rénmen jiào tā Yuèjīngsì.

王　刚: 前院正中间的塔是什么塔?

Qiányuàn zhèng zhōngjiān de tǎ shì shénme tǎ?

洪吉童: 它叫八角九层石塔, 是高丽时期修建的, 被记录在国宝第48号中。

Tā jiào Bā jiǎo jiǔ céng shí tǎ, shì Gāolí shíqī xiūjiàn de, bèi jìlù zài guóbǎo dì sìshíbā hào zhōng.

王　刚: 听说韩国的寺庙可供人们住宿, 还可以在那里体验山寺生活?

Tīngshuō Hánguó de sìmiào kě gōng rénnen zhùsù, hái kěyǐ zài nàli tǐyàn shānsì shēnghuó?

洪吉童: 是的, 人们称之为"寺庙寄宿(Temple stay)"。全国几乎所有的寺庙都可供人们住宿。

Shì de, rénmen chēng zhī wéi "sìmiàojìsù". Quánguó jīhū suǒyǒu de sìchà dōu kě gōng rénmen zhùsù.

王　刚: 只给信奉佛教的人住宿吗?

Zhǐ gěi xìnfèng fójiào de rén zhùsù ma?

洪吉童: 不是, 不信奉佛教的人也可以住, 还可以在里面就餐。但是寺庙饮食不含肉类, 只有蔬菜。王刚, 你可以在这里住几天, 体验一下山寺生活。

Búshì, bú xìnfèng fójiào de rén yě kěyǐ zhù, hái kěyǐ zài lǐmiàn jiùcān. Dànshì sìmiào yǐnshí bù hán ròulèi, zhǐ yǒu shūcài. Wáng Gāng, nǐ kěyǐ zài zhèli zhù jǐ tiān, tǐyàn yíxià shānsì shēnghuó.

王　刚: 太好了! 可惜今天还有事儿, 不能体验, 下次再来时一定去体验体验。

Tài hǎo le! Kěxī jīntiān hái yǒu shìr, bù néng tǐyàn, xià cì zài lái shí yídìng qù tǐyàn

tǐyàn.

洪吉童: 由于来这里寄宿的人很多，所以一定要提前预约。

Yóuyú lái zhèli jìsù de rén hěn duō, suǒyǐ yídìng yào tíqián yùyuē.

王　刚: 好的，我知道了。那我先把电话号码记下来吧。

Hǎo de, wǒ zhīdào le. Nà wǒ xiān bǎ diànhuà hàomǎ jì xiàlái ba.

단어

旅游 lǚyóu 여행하다
指南 zhǐnán 입문서, 지침(서), 안내 책자
枞树林 cōngshùlín 전나무 숲
享受 xiǎngshòu 향유하다
森林浴 sēnlínyù 삼림욕
赤脚 chìjiǎo 맨발
行走 xíngzǒu 다니다
踩 cǎi 밟다
泥土地 nítǔdì 흙길
呼吸 hūxī 호흡하다
愉悦 yúyuè 유쾌하고 기쁘다
尽头 jìntóu 끝
寺庙 sìmiào 사찰
月精寺 Yuèjīngsì 월정사(관광명소)
曹溪宗 Cáoxīzōng 조계종(한국 불교의 일파)
教区 jiàoqū 교구
本寺 běnsì 본사
算是 suànshì ~인 셈이다, ~로 간주하다
规模 guīmó 규모
宏阔 hóngkuò 크고 넓다
模样 múyàng 모양
　　(참고) 模範 mófàn
雕刻物 diāokèwù 조각물
木鱼 mùyú 목어
梵钟 fànzhōng 범종
云版 yúnbǎn 운판

法鼓 fǎgǔ 법고
合称 héchēng 합칭(하다)
佛殿四物 fódiàn sì wù 불전 사물
凌晨 língchén 새벽
傍晚 bàngwǎn 저물 무렵
拜佛 bàifó 예불하다
汲取 jíqǔ 흡수하다, 얻다.
　　(참고) 吸取 xīqǔ
东台 Dōngtái 동대(오대산의 한 봉우리)
满月山 Mǎnyuèshān 만월산(오대산의 한 봉우리)
精气 jīngqì 정기
八角九层石塔 Bā jiǎo jiǔ céng shí tǎ 팔각구층석탑(월정사 석탑)
修建 xiūjiàn 짓다
供 gōng 제공하다
住宿 zhùsù 숙박
寺庙寄宿 sìmiàojìsù 템플 스테이
几乎 jīhū 거의
信奉 xìnfèng 믿다
就餐 jiùcān 밥을 먹으러 가다, 밥을 먹다
蔬菜 shūcài 채소
由于 yóuyú ~로 말미암아, ~때문에
提前 tíqián 기한을 앞당기다
预约 yùyuē 예약하다

1. 多

단음절 상태형용사 앞에서 정도를 묻는다. "多" 앞에 동사 "有"를 쓰는데 "~만큼 도달했다"는 뜻을 가리킨다.

(1) 这条河有多深?

(2) 那座楼有多高?

(3) 这儿离剧场有多远?

"没(有)多"는 형용사 앞에서 "그다지 ~하지 않다", 곧 "不很"의 뜻을 나타낸다.

(1) 这条河没(有)多深。

(2) 这座山没(有)多高。

(3) 这儿离剧场没(有)多远。

> 보충회화2

오대산 상원사
(五台山的上院寺)

王　刚: 中国的五台山和文殊菩萨有关，韩国的五台山也是那样吗？

Zhōngguó de Wǔtáishān hé Wénshū púsà yǒu guān, Hánguó de Wǔtáishān yě shì nàyàng ma?

洪吉童: 是的。特别是五台山的上院寺，里面有文殊童子像。这是国宝221号。

Shì de. Tèbié shì Wǔtáishān de Shàngyuànsì, lǐmiàn yǒu Wénshū tóngzǐ xiàng. Zhèshì guóbǎo èr bǎi èr shí yī hào.

王　刚: 上院寺里怎么会有文殊童子像呢？

Shàngyuànsì li zěnme huì yǒu Wénshū tóngzǐ xiàng ne?

洪吉童: 那和朝鲜时期的君王——世祖有很大的关系。

Nà hé Cháoxiàn shíqī de jūnwáng —— Shìzǔ yǒu hěn dà de guānxi.

王　刚: 朝鲜时期人们信奉儒教，作为君王当然应该信奉儒教啊，怎么会和佛教的文殊菩萨有关系呢？

Cháoxiàn shíqī rénmen xìnfèng rújiào, zuòwéi jūnwáng dāngrán yīnggāi xìnfèng rújiào a, zěnme huì hé fójiào de Wénshūpúsà yǒu guānxi ne?

洪吉童: 当时世祖好像感染了皮肤病。为了治好皮肤病，他来到上院寺向佛祖 祈祷。有一天，世祖来到溪谷洗身体，一位童子过来帮他洗后背，从那以后皮肤病就渐渐痊愈了。后来一打听，那个童子正是文殊菩萨。

Dāngshí Shìzǔ hǎoxiàng gǎnrǎn le pífū bìng. Wèile zhì hǎo pífū bìng, tā láidào Shàngyuànsì xiàng fózǔ qídǎo. Yǒu yì tiān, Shìzǔ láidào xīgǔ xǐ shēntǐ, yí wèi tóngzǐ guòlái bāng tā xǐ hòubèi, cóng nà yǐhòu pífū bìng jiù jiànjiàn quányù le. Hòulái yì dǎtīng, nà ge tóngzǐ zhèng shì Wénshū púsà.

王　刚：哦，世祖为了报答文殊菩萨，所以雕刻了文殊童子像。

Ò, Shìzǔ wèile bàodá Wénshūpúsà, suǒyǐ diāokè le Wénshūtóng zǐxiàng.

洪吉童：对，正是这样。

Duì, zhèng shì zhèyàng.

단어

文殊菩萨 Wénshū púsà 문수보살(불교의 보살)

文殊童子像 Wénshū tóngzǐ xiàng 문수동자상

世祖 Shìzǔ 세조(조선 군왕의 묘호)

与众不同 yǔ zhòng bù tóng 보통 사람과 다르다

儒教 rújiào 유교

作为 zuòwéi ~로 삼다, ~로서

感染 gǎnrǎn 감염되다

皮肤病 pífūbìng 피부병

治好 zhìhǎo 치료하다

佛祖 fózǔ 석가모니 부처(불교의 시조)

祈祷 qídǎo 기도하다

溪谷 xīgǔ 계곡

痊愈 quányù 병이 낫다

打听 dǎtīng 알아보다, 물어보다

报答 bàodá 보답하다

보충 학습

1. 打听

"물어본다(探问)"는 뜻이다. 상대방과 무관한 일을 대부분 가리킨다. 사용범위가 "问"보다 좁다.

(1) 我想跟您打听一个人。
(2) 他终于打听到了她的住址。

2. 只要

필요한 최소 조건을 나타낸다. 다음 구에서 항상 "就" 등과 호응한다. "就"는 반드시 술어 앞에 써야 한다.

(1) 只要书来了, 我们就发通知。
(2) 只要愿意去的, 就可以去。
(3) 只要努力, 哪儿能学不会呢?

小金剛

소금강

주문진항

허난설헌과
허균의 생가

강릉동계올림픽센터
경포호수

강릉임영관 객사문

강릉임영관 칠사당

진고개
소금강

강릉단오장터
강릉단오제본부

상원사

비로봉

대관령옛길

선자령
대관령박물관

대관령
양떼목장

하슬라
아트월드

정동진역

월정사 전나무숲길

제왕산

강릉국사성황당

촛대 바위

추암역

동계
센터

제7과

소금강
(小金刚)

王　刚: 小金刚快要到了, 你先给我介绍介绍这个美丽的地方, 好吗?
Xiǎojīngāng kuài yào dào le, nǐ xiān gěi wǒ jièshào jièshào zhè ge měilì de dìfang, hǎo ma?

洪吉童: 可以啊!
Kěyǐ a!

王　刚: 小金刚的位置在哪里?
Xiǎojīngāng de wèizhì zài nǎli?

洪吉童: 它就在五台山东边的山脚下。
Tā jiù zài Wǔtáishān dōngbiān de shānjiǎo xià.

王　刚: 那里是不是五台山国立公园?
Nàli shìbushì Wǔtáishān guólì gōngyuán?

洪吉童: 对, 小金刚就在那儿。
Duì, Xiǎojīngāng jiù zài nàr.

王　刚: 听说小金刚景观灵秀, 真的有那么美吗?
Tīngshuō Xiǎojīngāng jǐngguān língxiù, zhēn de yǒu nàme měi ma?

洪吉童: 千真万确。小金刚1970年已经被韩国政府指定为名胜第一号了。
Qiānzhēnwànquè. Xiǎojīngāng yìjiǔqīlíng nián yǐjīng bèi Hánguó zhèngfǔ zhǐdìng wéi míngshèng dì yī hào le.

王　刚：听说小金刚这个名字跟著名学者李珥有关系?

　　　　Tīngshuō Xiǎojīngāng zhè ge míngzi gēn zhùmíng xuézhě Lǐ Ěr yǒu guānxi?

洪吉童：是的，小金刚这个名字源自他的≪青鹤山记≫。

　　　　Shì de, Xiǎojīngāng zhè ge míngzi yuánzì tā de≪Qīnghèshān jì≫.

王　刚：他是怎么说的?

　　　　Tā shì zěnme shuō de?

洪吉童：他认为美丽的小金刚就是金刚山的缩小版。

　　　　Tā rènwéi měilì de Xiǎojīngāng jiù shì Jīngāngshān de suōxiǎo bǎn.

王　刚：哈哈，原来是这样啊!

　　　　Hāhā, yuánlái shì zhèyàng a!

洪吉童：你看，前边就是小金刚了! 咱们准备下车吧。

　　　　Nǐ kàn, qiánbiān jiù shì Xiǎojīngāng le! Zánmen zhǔnbèi xià chē ba.

王　刚：好的。

　　　　Hǎo de.

단어

快要~了 kuàiyào~le 곧 ~하려고 한다	**名胜** míngshèng 명승지, 명소
山脚 shānjiǎo 산기슭	**源自** yuánzì ~로부터 근원하다, 발원하다
国立公园 guólì gōngyuán 국립공원	**≪青鹤山记≫** Qīnghèshān jì ≪청학산기≫
听说 tīngshuō 듣자 하니	**金刚山** Jīngāngshān 금강산
景观 jǐngguān 경관, 경치	**缩小版** suōxiǎo bǎn 축소판
灵秀 língxiù 빼어나고 뛰어나다	**原来** yuánlái 원래, 알고 보니
千真万确 qiānzhēn wànquè 아주 확실하다	**准备** zhǔnbèi 준비하다, ~하려고 계획하다

1. 快要~了

"快要"는 "곧 ~하려고 한다(马上要)"의 뜻으로 곧 머지않아 어떤 새로운 상황이 발생하려고 함을 표시한다. 일반적으로 쓰이는 구식은 "快要~了"이지만, 그 외에도 "快~了", "要~了", "就要~了" 등의 구식을 사용할 수 있다.

小金刚快要到了。(소금강에 곧 도착하려고 한다.)

바꾸기 연습

		下课	
		放寒假	
我们	快要	回国	了。
这本书		学完	

2. ~是不是~

어떤 일에 대해 이미 어느 정도 추측을 하고 있지만 추가로 사실을 확인하고자 할 때 "~是不是~"라는 정반의문문 구식을 써서 되물을 수 있다. "是不是"는 문장 첫머리, 끝, 또는 중간에 모두 놓을 수 있다.

那里是不是五台山国立公园? (거기는 오대산 국립공원이지, 그렇지?)

바꾸기 연습

江陵市	是不是	海滨城市?
安木海滨		在江陵?
是不是	你们都想去旅行?	
明天大家都去看滑冰,	是不是?	

3. 听说~

"听说"는 "다른 사람이 하는 말을 들으니(听别人说)"의 뜻으로서 말하고 있는 정보의 출처가 다른 사람에게 있음을 설명하는 구식이다. 다만 이 정보의 출치는 "听说"처럼 확실하게 명시되지 않을 수도 있고, "听别人说"처럼 확실하게 명시될 수도 있다.

听说小金刚这个名字跟著名学者李珥有关系? (듣자하니 소금강이란 이 이름은 저명한 학자인 이이와 관계가 있다고 하던 대요?)

바꾸기 연습

听说　　小金刚景观灵秀, 真的有那么美吗?
　　　　明天学校礼堂有音乐会, 咱们去听听吧。
　　　　他去国外旅行了。
　　　　暑假期间食堂关门, 是吗?

4. 原来~

"原来~"는 뒤에 원인을 나타내는 구절을 이끌어 말하는 사람이 어떤 상황이 출현한 원인을 이제야 비로소 명확히 알게 되었음을 나타낸다.

(1) A: 他认为美丽的小金刚就是金刚山的缩小版。(아름다운 소금강이야말로 바로 금강산의 축소판이라고 그는 생각했거든요.)
　　B: 哈哈, 原来是这样啊! (하하, 알고 보니 그런 것이로군요.)
(2) 好久没见他来上课, 原来是生病了。(오랜 동안 그가 수업하러 오는 것을 보지 못했는데, 알고 보니 병이 났었구나.)

바꾸기 연습

大家都找不到你,　　　　　　　　你在这儿呀!
怪不得你的韩国语这么好,　原来　你是韩国人啊!
　　　　他学了三年汉语, 怪不得他说得这么流利。
　原来　他回国了, 怪不得最近没看见他。

1. 다음 중국어의 한어병음과 뜻을 적으시오.

   (1) 山脚(   )(   )

   (2) 听说(   )(   )

   (3) 景观(   )(   )

   (4) 名胜(   )(   )

2. 다음 한어병음의 중국어와 뜻을 적으시오.

   (1) kuàiyào~le (   )(   )

   (2) qiānzhēn wànquè(   )(   )

   (3) suōxiǎo bǎn(   )(   )

   (4) zhǔnbèi(   )(   )

3. 다음 괄호 안에 적당한 중국어를 넣으시오.

   (1) 小金刚(   )到了。

   (2) (   )小金刚这个名字跟著名学者李珥有关系?

   (3) 小金刚这个名字(   )他的≪青鹤山记≫。

   (4) 哈哈, (   )是这样啊!

4. 본문에 근거하여 다음 물음에 중국어로 답하시오.

   (1) 小金刚在哪儿?

   (2) 1970年韩国政府给小金刚什么称号?

   (3) 小金刚跟韩国著名学者李珥有什么关系?

   (4) 李珥是怎么评价小金刚的?

보충회화1

소금강
(小金刚)

王　刚：小金刚这个名字很独特。北韩不是也有个金刚山吗？

Xiǎojīngāng zhè ge míngzi hěn dútè. Běihán búshì yě yǒu ge Jīngāngshān ma?

洪吉童：是的。金刚山因为风景优美，所以在韩半岛特别有名。也许是因为小金刚的风景能跟金刚山相媲美，但规模较小，所以称之为小金刚吧。

Shì de. Jīngāngshān yīnwèi fēngjǐng yōuměi, suǒyǐ zài Hánbàndǎo tèbié yǒumíng. Yěxǔ shì yīnwèi Xiǎojīngāng de fēngjǐng néng gēn Jīngāngshān xiāng pìměi, dàn guīmó jiào xiǎo, suǒ yǐ chēng zhī wéi Xiǎojīngāng ba.

王　刚：小金刚确实是美丽的溪谷。

Xiǎojīngāng quèshí shì měilì de xīgǔ.

洪吉童：是的。咱们沿着溪谷，边听溪水声边往上走，两个小时左右就能到万物像。

Shì de. Zánmen yán zhe xīgǔ, biān tīng xīshuǐ shēng biān wǎng shàng zǒu, liǎng ge xiǎoshí zuǒyòu jiù néng dào Wànwùxiàng.

王　刚：万物像是溪谷的尽头吗？

Wànwùxiàng shì xīgǔ de jìntóu ma?

洪吉童：是。

Shì.

王　刚：溪谷两边还有很多岩石呢。

Xīgǔ liǎngbiān hái yǒu hěn duō yánshí ne.

洪吉童： 是啊，坐在岩石上，一边吃吃喝喝，一边观赏溪水。微风吹来，自己就好像变成了神仙一样。

Shì a, zuò zài yánshí shang, yìbiān chīchī hēhē, yìbiān guānshǎng xīshuǐ. Wēi fēng chuī lái, zìjǐ jiù hǎoxiàng biàn chéng le shénxiān yíyàng.

王　刚： 的确是这样。现代生活很复杂，生活节奏也很快。偶尔来一次，锻炼锻炼身体，对健康很有好处。

Díquè shì zhèyàng. Xiàndài shēnghuó hěn fùzá, shēnghuó jiézòu yě hěn kuài. Ǒu'ěr lái yí cì, duànliàn duànliàn shēntǐ, duì jiànkāng hěn yǒu hǎochù.

洪吉童： 是的。一年四季，不仅仅是江陵市民，全国各地的游人都会来这里。你看，停车场上停满了来自全国各地的大巴。

Shì de. Yì nián sì jì, bùjǐnjǐn shì Jiānglíng shìmín, quánguó gèdì de yóurén dōu huì lái zhèlǐ. Nǐ kàn, tíngchēchǎng shang tíng mǎn le láizì quánguó gèdì de dàbā.

王　刚： 你看，溪谷两边都是枫树。

Nǐ kàn, xīgǔ liǎngbiān dōu shì fēngshù.

洪吉童： 是啊，秋天的时候，枫叶会给溪谷染上一片片黄色和红色，风景怡人。所以，我特别喜欢秋天去观赏小金刚的枫叶。

Shì a, qiūtiān de shíhou, fēngyè huì gěi xīgǔ rǎn shàng yí piànpiàn huáng sè hé hóng sè, fēngjǐng yírén. Suǒyǐ, wǒ tèbié xǐhuan qiūtiān qù guānshǎng Xiǎojīngāng de fēngyè.

王　刚： 以前就听说韩国秋天的枫叶很美，来到这个地方更能尽情享受了。

Yǐqián jiù tīngshuō Hánguó qiūtiān de fēngyè hěn měi, láidào zhè ge dìfang gèng néng jìnqíng xiǎngshòu le.

洪吉童： 你看，道路两边有很多人卖干野菜和药草，那都是直接从山里采集的。可以用它泡酒喝，也可以放在饭里吃。这是多山的江原道的特色之一。

Nǐ kàn, dàolù liǎngbiān yǒu hěn duō rén mài gān yěcài hé yàocǎo, nà dōu shì zhíjiē cóng shānli cǎijí de. Kěyǐ yòng tā pào jiǔ hē, yě kěyǐ fàng zài fànli chī. Zhè shì duō shān de Jiāngyuándào de tèsè zhī yī.

단어

优美 yōuměi 아름답다
韩半岛 Hán bàndǎo 한반도
媲美 pìměi 아름다움을 겨루다, 필적하다
沿着 yánzhe ~을 따라서
溪水声 xīshuǐ shēng 계곡 물소리
万物像 Wànwùxiàng 만물상(소금강의 명소명)
老人峰 Lǎorénfēng 노인봉(오대산의 산봉우리 명)
真岭 Zhēnlǐng 진고개(오대산 입구)
岩石 yánshí 암석
神仙 shénxiān 신선
的确 díquè 확실하다
节奏 jiézòu 박자, 리듬
偶尔 ǒu'ěr 간혹, 이따금, 우연히

锻炼 duànliàn 단련하다, 운동하다
好处 hǎochù 이익, 장점, 도움
　　(참고) 对~有好处
仅仅 jǐnjǐn 다만, 단지
停车场 tíngchēchǎng 주차장
可不是嘛 kě bú shì ma 그렇고 말고
　　(참고) 可不, 可不是, 可不是吗
感受 gǎnshòu 느끼다, 체험하다
怡人 yírén 사람을 기쁘게 하다
尽情 jìnqíng 마음껏 하다
干野菜 gānyěcài 말린 산나물
药草 yàocǎo 약초
采集 cǎijí 채취하다, 채집하다
泡酒 pàojiǔ 술을 담그다

1. 要~了

어떤 동작이나 상황이 머지않아 곧 발생하려고 함을 나타낸다. "要"는 "장차 ~하려고 하다(將要)"는 뜻을 표시한다. "了"는 어기조사이다.

   (1) 要下雨了。
   (2) 汽车要开了。

"要" 앞에 "就"를 덧붙여 "就要~了"로 구성하면 시간이 긴박함을 나타낸다.

   (3) 秋天就要到了。
   (4) 明天我们就要学第四课了。
   (5) 还有十五分钟飞机就要起飞了。

2. 要不然

"만약 그렇지 않다면(如果不这样)"의 뜻으로 가정의 어감이 비교적 강하다. 구어에서 많이 사용한다.

   (1) 快通知吧, 要不然就晚了。
   (2) 我必须去游览一下长城, 要不然太遗憾了。
   (3) 咱们今天去吧, 要不然没机会了。

소금강에서 오대산 오르기
(从小金刚登上五台山)

王　刚：我想经过小金刚登上老人峰顶峰。

Wǒ xiǎng jīngguò Xiǎojīngāng dēng shàng Lǎorénfēng dǐngfēng.

洪吉童：大约需要6个小时，你能行吗？

Dàyuē xūyào liùge xiǎoshí, nǐ néng xíng ma?

王　刚：能行，这次下定决心了。怎么才能快点儿到小金刚呢？

Néng xíng, zhè cì xià dìng juéxīn le. Zěnme cái néng kuài diǎnr dào Xiǎojīngāng ne?

洪吉童：在长途汽车站坐303路公交车，大约一小时就能到。

Zài chángtú qìchēzhàn zuò sānlíngsān lù gōngjiāochē, dàyuē yì xiǎoshí jiù néng dào.

王　刚：登上五台山顶的路线，除了小金刚线以外，还有其它的吗？

Dēng shàng Wǔtáishān dǐng de lùxiàn, chúle Xiǎojīngāng xiàn yǐwài, hái yǒu qítā de ma?

洪吉童：从月精寺和上院寺旁边的登山路，经过寂灭宝宫，再登上毗卢峰也可以。约3千米4小时的路程。

Cóng Yuèjīngsì hé Shàngyuànsì pángbiān de dēng shān lù, jīngguò Jìmièbǎogōng, zài dēng shàng Pílúfēng yě kěyǐ. Yuē sānqiān mǐ sì xiǎoshí de lùchéng.

王　刚：那条路险不险？

Nà tiáo lù xiǎn bu xiǎn?

洪吉童：跟小金刚线比，它没有那么险峻，也花不了太多时间，是人们常走的路线。

Gēn Xiǎojīngāng xiàn bǐ, tā méiyǒu nàme xiǎnjùn, yě huā bu liǎo tài duō shíjiān, shì rénmen cháng zǒu de lùxiàn.

王　刚: 还有其他路线吗?

Hái yǒu qítā lùxiàn ma?

洪吉童: 还有从真岭到老人峰的一段路线, 它也不那么险峻, 只要两三个小时就行。那是最容易走的一条路线, 人气最高。

Hái yǒu cóng Zhēnlǐng dào Lǎorénfēng de yí duàn lùxiàn, tā yě bú nàme xiǎnjùn, zhǐ yào liǎng sān ge xiǎoshí jiù xíng. Nàshì zuì róngyì zǒu de yì tiáo lùxiàn, rénqì zuìgāo.

王　刚: 像我这样平时很少运动, 也从不登山的人爬得上去吗?

Xiàng wǒ zhèyàng píngshí hěn shǎo yùndòng, yě cóng bù dēngshān de rén pá de shàngqu ma?

洪吉童: 完全爬得上去。王刚, 你鼓起勇气挑战一下吧。

Wánquán pá de shàngqu. Wáng Gāng, nǐ gǔ qǐ yǒngqì tiǎozhàn yíxià ba.

王　刚: 能给现代人解除身心疲劳的运动只有登山了。
看来, 从现在起, 我也要对登山保持一定的兴趣了。

Néng gěi xiàndài rén jiěchú shēnxīn píláo de yùndòng zhǐ yǒu dēngshān le. Kàn lái, cóng xiànzài qǐ, wǒ yě yào duì dēng shān bǎochí yídìng de xìngqù le.

洪吉童: 哈哈, 那我以后经常创造登山的机会。

Hāhā, nà wǒ yǐhòu jīngcháng chuàngzào dēng shān de jīhuì.

단어

经过 jīngguò 지나가다
顶峰 dǐngfēng 산 정상
需要 xūyào 필요로 하다, 걸리다
下定 xiàdìng 내리다
决心 juéxīn 결심
方便 fāngbiàn 편리하다
其它 qítā 그 외, 기타
　　(참고) 其他
寂灭宝宫 Jìmièbǎogōng 적멸보궁(오대산의
　　관광명소)

路程 lùchéng 노선, 노정
险峻 xiǎnjùn 험준하다
花不了 huā bu liǎo 시간이 들지 않다
鼓起 gǔqǐ 불러일으키다, 북돋우다
勇气 yǒngqì 용기
挑战 tiǎozhàn 도전(하다)
解除 jiěchú 제거하다, 해소하다
疲劳 píláo 피로
保持 bǎochí 유지하다, 지키다

1. 什么~什么~

두 개의 "什么"를 함께 사용하여 전자가 후자를 결정함을 표시한다. "모두 막론하고 다 가리킴(任指)"을 뜻한다.

   (1) 你别什么便宜买什么。
   (2) 咱们什么地方好就去什么地方。
   (3) 什么快吃什么。

"什么"는 또한 확정짓지 않은 사람이나 사물을 가리킬 수 있다. 이때 "什么"는 생략해도 뜻이 변하지 않으며 어감은 비교적 직설적이다.

   (1) 你最近看了什么新书没有?
   (2) 这里有什么好玩的地方吗?
   (3) 你读过他写的什么小说吗?
   (4) 有什么拿手菜吗?

"什么"는 또한 술어가 되어 의문을 표시할 수 있다. 주어는 대부분 "的"자구조이며 구어에 사용한다.

   (1) 拿的什么?
   (2) 他唱的什么?
   (3) 你们演的什么?
   (4) 寄的什么?

2. ~什么

동사나 형용사에 "什么"를 덧붙이면 반문구가 되어 "~에 동의하지 않는다(不同意)"·"~ 할 필요가 없다(不必要)"·"~해서는 안 된다(不应该)"는 뜻을 나타낸다.

　(1) 这个句子难什么, 够容易的了。

　(2) 这么简单的问题还讨论什么。

　(3) 买什么, 上星期买的还没用完呢。

许兰雪轩和许筠的故居

제8과

허난설헌과 허균 생가

주문진항

진고개

소금강

강릉동계올림픽센터

경포호수

강릉임영관 객사문

강릉임영관 칠사당

강릉단오장터
강릉단오제본부

상원사

비로봉

선자령

대관령옛길

대관령박물관

하슬라
아트월드

대관령
양떼목장

제왕산

정동진역

월정사 전나무숲길

강릉국사성황당

촛대 바위

추암역

제8과

허난설헌과 허균 생가
(许兰雪轩和许筠的故居)

洪吉童: 王刚，你听说过许兰雪轩和许筠的故居吗?

Wáng Gāng, nǐ tīngshuō guo Xǔ Lánxuěxuān hé Xǔ Jūn de gùjū ma?

王 刚: 没听说过。那是什么地方?

Méi tīngshuō guo. Nà shì shénme dìfang?

洪吉童: 那里是许兰雪轩和许筠的出生地，现在是江陵著名的旅游景点。

Nàli shì Xǔ Lánxuěxuān hé Xǔ Jūn de chūshēngdì, xiànzài shì Jiānglíng zhùmíng de lǚyóu jǐngdiǎn.

王 刚: 许兰雪轩和许筠是谁?

Xǔ Lánxuěxuān hé Xǔ Jūn shì shéi?

洪吉童: 他们是朝鲜时期的诗人和作家，许兰雪轩是姐姐，许筠是弟弟。

Tāmen shì Cháoxiān shíqī de shīrén hé zuòjiā, Xǔ Lánxuěxuān shì jiějie, Xǔ Jūn shì dìdi.

王 刚: 哦，我想起来了! 听说在文学方面许兰雪轩比申师任堂还有才华，是这样吗?

Ò, wǒ xiǎng qǐlai le! Tīngshuō zài wénxué fāngmiàn Xǔ Lánxuěxuān bǐ Shēn Shīrèntáng hái yǒu cáihuá, shì zhèyàng ma?

洪吉童: 可以这么说。许兰雪轩八岁时就写出了震惊世人的≪广寒殿白玉楼上梁文≫。

Kěyǐ zhème shuō. Xǔ Lánxuěxuān bā suì shí jiù xiě chū le zhènjīng shìrén de
≪Guǎnghándiàn báiyùlóu shàng liáng wén≫.

王　刚: 是吗？真了不起！许筠有什么代表作呢？

Shì ma? Zhēn liǎobuqǐ! Xǔ Jūn yǒu shénme dàibiǎozuò ne?

洪吉童: 他写的小说≪洪吉童传≫使他一夜成名。

Tā xiě de xiǎoshuō ≪Hóng Jítóng zhuàn≫ shǐ tā yí yè chéng míng.

王　刚: 怪不得洪吉童这个名字这么具有代表性，原来出自这里啊！

Guàibude Hóng Jítóng zhè ge míngzi zhème jùyǒu dàibiǎoxìng, yuánlái chūzì zhèli a!

洪吉童: 是啊。怎么样？你想不想看看他们生活过的地方？

Shì a. Zěnmeyàng? Nǐ xiǎngbuxiǎng kànkan tāmen shēnghuó guo de dìfang?

王　刚: 很想去啊！他们的故居在哪儿？

Hěn xiǎng qù a! Tāmen de gùjū zài nǎr?

洪吉童: 就在镜浦湖附近。

Jiù zài Jìngpǔhú fùjìn.

王　刚: 这么近啊！咱们这就去吧！

Zhème jìn a! Zánmen zhè jiù qù ba!

洪吉童: 好的。走吧！

Hǎo de. Zǒu ba!

단어

许兰雪轩 Xǔ Lánxuěxuān
　　허난설헌(조선 인명)
许筠 Xǔ Jūn 허균(조선 인명)
故居 gùjū 생가, 전에 살았던 집
景点 jǐngdiǎn 관광명소
朝鲜 Cháoxiǎn 조선(한국 왕조명)
　　(참고) Zhāoxiǎn
诗人 shīrén 시인
作家 zuòjiā 작가
申师任堂 Shēn Shīrèntáng
　　신사임당(조선 인명)
才华 cáihuá 뛰어난 재능, 빛나는 재주
震惊 zhènjīng 몹시 놀라게 하다, 몹시 놀라다
世人 shìrén 세상 사람들

≪广寒殿白玉楼上梁文≫
　　Guǎnghándiàn báiyùlóu shàng liáng
　　wén ≪광한전 백옥루 상량문≫
代表作 dàibiǎozuò 대표작
小说 xiǎoshuō 소설
≪洪吉童传≫ Hóng Jítóng zhuàn
　　≪홍길동전≫
一夜成名 yí yè chéng míng
　　하룻밤 사이에 갑자기 유명해지다
怪不得 guàibude 어쩐지
　　(참고) 难怪
出自 chūzì ~로부터 나오다
镜浦湖 Jìngpǔhú 경포호
附近 fùjìn 부근

중점 학습

1. 동태조사 过

동태조사 "过"는 동사 뒤에서 어떤 동작이 과거에 발생한 적이 있었다든지, 또는 어떤 경험을 한 적이 있음을 나타낸다.

你听说过许兰雪轩和许筠的故居吗?
(너는 허난설헌과 허균의 생가에 대해 들은 적이 있니?)

바꾸기 연습

我		来	江陵。
洪吉童		去安木海边玩儿	吗?
你		吃	紫菜包饭吗?
王刚	没	去	海边的咖啡屋。

过 (세로로 가운데에 위치)

2. 동사 + 起来 + 了

"동사 + 起来 + 了"의 구식은 동작이 완성되었거나 목적에 도달했음을 나타낸다.

哦, 我想起来了! (아, 난 생각이 났다.)

바꾸기 연습

呵呵, 我		想	她是个高高的、瘦瘦的女孩儿。
东西	都	收拾	做得不错啊!
她		躲	不知道在哪儿。
礼物已经		包	放心吧!

起来 了, (세로로 가운데에 위치)

※ 동사/형용사 + 了 + 起来

"동사/형용사 + 了 + 起来"의 격식은 동작이나 상황이 시작되면서 또한 계속되고 있음을 표시한다.

正东津一下子火了起来。(정동진은 갑자기 번창하기 시작했다.)

3. A + 比 + B + 형용사(구)

"A + 比 + B + 형용사(구)"는 전치사 "比"를 써서 "A"와 "B" 두 사물의 성질, 특징 등을 비교하는 데 사용된다.

听说许兰雪轩比申师任堂还有才华。
(듣자하니 허난설헌은 신사임당보다 더 뛰어난 재능을 지녔다고 한다.)

바꾸기 연습

洪吉童			王刚	年纪大。
太白山		比	帝王山	更高。
五十川	不		汉江	长。
江陵的风景			首尔的风景	更美	吗?

※ 비교문

(1) A + (不)比 + B + 형용사(구)
   他比我大三岁。

(2) A + 跟 + B + (不)一样 + 형용사(구)
   这个跟那个一样好。

(3) A + (没)有 + B + (这么/那么) + 형용사(구)
   他有他哥哥那么高吗?

4. A + 使 + B + C

"A + 使 + B + C"의 구식은 "A"가 "B"에게 영향을 주어서 "C"라는 결과가 발생하게 했음을 표시한다.

他写的小说《洪吉童传》使他一夜成名。

(그가 쓴 소설 ≪홍길동전≫은 그를 하룻밤 사이에 갑자기 유명해지게 만들었다.)

바꾸기 연습

虚心		人	进步。
咖啡		我	兴奋。
学习汉语	使	他	改变了命运。
登山		他	瘦了一公斤。

1. 다음 중국어의 한어병음과 뜻을 적으시오.

    (1) 故居(   )(   )

    (2) 景点(   )(   )

    (3) 才华(   )(   )

    (4) 震惊(   )(   )

2. 다음 한어병음의 중국어와 뜻을 적으시오.

    (1) shīrén(   )(   )

    (2) zuòjiā(   )(   )

    (3) guàibude(   )(   )

    (4) fùjìn(   )(   )

3. 다음 괄호 안에 적당한 중국어를 넣으시오.

    (1) 你听说过许兰雪轩和许筠的(   )吗?

    (2) 他写的小说≪洪吉童传≫(   )他一夜成名。

    (3) (   )洪吉童这个名字这么具有代表性, 原来出自这里啊!

    (4) 听说在文学方面许兰雪轩(   )比申师任堂还有才华。

4. 본문에 근거하여 다음 물음에 중국어로 답하시오.

    (1) 许兰雪轩和许筠是谁? 他们出生在哪个城市?

    (2) 许兰雪轩有什么代表作?

    (3) 韩国代表人物洪吉童跟许筠有什么关系?

    (4) 许兰雪轩和许筠的故居离什么景点很近?

허난설헌
(许兰雪轩)

王　刚: 这个地方写着许筠和许兰雪轩的出生地, 他们俩是什么关系?

Zhège dìfang xiězhe Xǔ Jūn hé Xǔ Lánxuěxuān de chūshēngdì, tāmen liǎ shì shénme guānxi?

洪吉童: 是兄妹关系。

Shì xiōngmèi guānxi.

王　刚: 他们的住宅保存到现在, 看来是鼎鼎有名的大人物啊。他们是什么年代的名人?

Tāmen de zhùzhái bǎocún dào xiànzài, kànlái shì dǐngdǐng yǒu míng de dà rénwù a. Tāmen shì shénme niándài de míngrén?

洪吉童: 是朝鲜时期的作家。

Shì Cháoxiǎn shíqī de zuòjiā.

王　刚: 朝鲜时期人们都信奉儒教, 女性是不可以文学创作的, 那许兰雪轩是怎么做到的?

Cháoxiǎn shíqī rénmen dōu xìnfèng rújiào, nǚxìng shì bù kěyǐ wénxué chuàngzuò de, nà Xǔ Lánxuěxuān shì zěnme zuòdào de?

洪吉童: 许兰雪轩是个天才, 她8岁就写出了《广寒殿白玉楼上梁文》, 但当时人们并不知道她的名字。

Xǔ Lánxuěxuān shì ge tiāncái, tā bā suì jiù xiě chū le 《Guǎnghán diàn báiyùlóu shàng liáng wén》, dàn dāngshí rénmen bìng bù zhīdào tā de míngzi.

王　刚: 果然女性在男性社会中没有地位啊。

Guǒrán nǚxìng zài nánxìng shèhuì zhōng méiyǒu dìwèi a.

洪吉童： 是啊。但是许兰雪轩去世后，许筠把她的诗稿献给了明朝诗人朱之蕃，朱之蕃将它在中国出版了。这样，许兰雪轩的诗就在中国传开了，很快，在朝鲜也大有名气了。

Shì a. Dànshì Xǔ Lánxuěxuān qùshì hòu, Xǔ Jūn bǎ tā de shīgǎo xiàngěi le Míngcháo shīrén Zhū Zhīfán, Zhū Zhīfán jiāng tā zài Zhōngguó chūbǎn le. Zhèyàng, Xǔ Lánxuěxuān de shī jiù zài Zhōngguó chuánkāi le, hěn kuài, zài Cháoxiǎn yě dàyǒu míngqì le.

王　刚： 那她的生活是什么样子？很顺利吗？

Nà tā de shēnghuó shì shénme yàngzi? Hěn shùnlì ma?

洪吉童： 不是那样的。朝鲜时代女性的生活被男性左右着，这叫做"三从四德"。小时候尊重父亲，长大后要尊重丈夫，年长了还要尊重儿子。她在婆家的生活好像并不是那么好。

Búshì nàyàng de. Cháoxiǎn shídài nǚxìng de shēnghuó bèi nánxìng zuǒyòu zhe, zhè jiàozuò "sāncóng sìdé". Xiǎo shíhou zūnzhòng fùqin, zhǎngdà hòu yào zūnzhòng zhàngfu, niánzhǎng le háiyào zūnzhòng érzi. Tā zài pójiā de shēnghuó hǎoxiàng bìng búshì nàme hǎo.

王　刚： 这么说来，婆媳关系也不是很好了。

Zhème shuōlái, póxí guānxi yě bú shì hěn hǎo le.

洪吉童： 是的。两个儿子又先她离开了人世，她怀着孤独、痛苦的心情，写下了《哭子》诗。

Shì de. Liǎng ge érzi yòu xiān tā líkāi le rénshì, tā huái zhe gūdú、tòngkǔ de xīnqíng, xiě xià le 《Kū zǐ》shī.

王　刚： 中国古代女性甚至必须缠足。

Zhōngguó gǔdài nǚxìng shènzhì bìxū chán zú.

洪吉童： 古人说"女子无才便是德"、"美人薄命"，这些都是约束和压迫女性的错误观念。

Gǔrén shuō "nǚzǐ wú cái biàn shì dé"、"měirén bó mìng", zhèxiē dōu shì yuēshù hé yāpò nǚxìng de cuòwù guānniàn.

王　刚： 我们生活在思想自由的21世纪，多么幸福啊！现在即使生女孩儿，也没有不平等的待遇了。

Wǒmen shēnghuó zài sīxiǎng zìyóu de èrshíyī shìjì, duōme xìngfú a! Xiànzài jíshǐ shēng nǚháir, yě méiyǒu bù píngděng de dàiyù le.

洪吉童： 是的，现代社会是男女平等的社会。

Shì de, xiàndài shèhuì shì nánnǚ píngděng de shèhuì.

단어

鼎鼎 dǐngdǐng 성대하다
  (참고) ~有名, ~大名, 大名~
信奉 xìnfèng 믿다
天才 tiāncái 천재
去世 qùshì 죽다
献给 xiàngěi 바치다
明朝 Míngcháo 명나라(중국 왕조명)
朱之蕃 Zhū Zhīfán 주지번(중국 인명)
名气 míngqi 명성
三从四德 sāncóng sìdé
  삼종사덕(여인들이 지켜야 할 세 가지 도
  와 네 가지 덕성)
尊重 zūnzhòng 존중하다
年长 niánzhǎng 나이를 먹다, 연상이다.
婆家 pójiā 시댁
婆媳关系 póxí guānxi
  시어머니와 며느리의 관계

孤独 gūdú 외롭다, 고독
痛苦 tòngkǔ 고통, 고통스럽다, 괴롭다
心情 xīnqíng 마음, 기분
≪哭子≫ Kū zǐ ≪아들을 위해 울다≫
心痛 xīntòng 마음이 아프다, 속이 쓰리다
缠足 chánzú 전족(하다)
女子无才便是德 nǚzǐ wú cái biàn shì dé
  여자가 재능이 없는 것이야말로 바로 그
  녀의 덕성이다.
美人薄命 měirén bó mìng 미인박명
约束 yuēshù 구속하다, 제약하다
压迫 yāpò 압박하다
错误 cuòwù 잘못, 틀리다
思想 sīxiǎng 사상
即使 jíshǐ 설사 ~할지라도
待遇 dàiyù 대우(하다)

1. 동사 뒤의 过

동사 뒤의 "过"는 "완료하다, 끝나다(完)"의 뜻을 나타낸다.

(1) 吃过饭, 他就走了。
(2) 他开过会, 就回家了。
(3) 这本杂志你看过以后, 借我看看。

또한 일찍이 과거에 이러한 행위나 변화가 발생한 적이 있음을 표시하기도 한다.

(1) 以前我学过中文。
(2) 那本小说我们都看过。
(3) 他去过很多地方。

2. 即使

가정과 양보를 표시한다.

(1) 即使说错了, 也不要紧。
(2) 即使条件再好, 也还要靠自己努力。
(3) 即使晚走两天, 也来得及。

보충회화2

허균
(许筠)

王　刚：许兰雪轩的父母和兄弟都是谁?

　　　　Xǔ Lánxuěxuān de fùmǔ hé xiōngdì dōu shì shéi?

洪吉童：爸爸是许晔, 哥哥是许篈, 许筠是她弟弟。

　　　　Bàba shì Xǔ Yè, gēge shì Xǔ Fēng, Xǔ Jūn shì tā dìdi.

王　刚：听说许兰雪轩的诗稿是通过许筠才大有名气的。那么许筠
　　　　是一个什么样的人物呢?

　　　　Tīngshuō Xǔ Lánxuěxuān de shīgǎo shì tōngguò Xǔ Jūn cái dà yǒu míngqì de. Nàme
　　　　Xǔ Jūn shì yíge shénmeyàng de rénwù ne?

洪吉童：许筠也是一位大名鼎鼎的作家。他既写诗, 又写小说。著名
　　　　小说≪洪吉童传≫就是他写的。因为小说十分有名, 所以"洪
　　　　吉童"就成了韩国男子名字的代表, 我的名字叫洪吉童也是
　　　　受此影响。

　　　　Xǔ Jūn yě shì yí wèi dàmíng dǐngdǐng de zuòjiā. Tā jì xiě shī, yòu xiě xiǎoshuō. Zhùmíng
　　　　xiǎoshuō ≪Hóng Jítóng zhuàn≫jiùshì tā xiě de. Yīnwèi xiǎoshuō shífēn yǒumíng, suǒyǐ
　　　　"Hóng Jítóng" jiù chéng le Hánguó nánzǐ míngzi de dàibiǎo, wǒ de míngzi jiào Hóng
　　　　Jítóng yě shì shòu cǐ yǐngxiǎng.

王　刚：啊, 怪不得经常听到洪吉童这个名字。那≪洪吉童传≫这本
　　　　小说写的是什么内容?

　　　　À, guàibude jīngcháng tīngdào Hóng Jítóng zhè ge míngzi. Nà ≪Hóng Jítóng zhuàn≫zhè
　　　　běn xiǎoshuō xiě de shì shénme nèiróng?

洪吉童：洪吉童是庶子出身, 但是社会不承认庶子, 他就离家出走成

了盗贼，夺取坏人的钱财帮助贫穷老百姓。他后来去了一个岛国，和平地统治整个国家。

Hóng Jítóng shì shùzǐ chūshēn, dànshì shèhuì bù chéngrèn shùzǐ, tā jiù lí jiā chūzǒu chéng le dàozéi, duóqǔ huài rén de qiáncái bāngzhù pínqióng lǎobǎixìng. Tā hòulái qù le yí ge dǎo guó, hépíng de tǒngzhì zhěngge guójiā.

王　刚：就像陶渊明《桃花源记》里描写的武陵桃园一样，是关于创建另一个世界的内容。

Jiù xiàng Táo Yuānmíng《Táohuāyuán jì》li miáoxiě de Wǔlíng táoyuán yíyàng, shì guānyú chuàngjiàn lìng yí ge shìjiè de nèiróng.

洪吉童：可以这么说。在西方，人们称之为"乌托邦"。

Kěyǐ zhème shuō. Zài xīfāng, rénmen chēng zhī wéi "Wūtuōbāng".

王　刚：啊，想起来了，镜浦湖周围有些雕像，听说都是和《洪吉童传》有关的人物。

À, xiǎng qǐlai le, Jìngpǔhú zhōuwéi yǒu xiē diāoxiàng, tīngshuō dōushì hé 《Hóng Jítóng zhuàn》yǒuguān de rénwù.

洪吉童：是的，那些雕像中挨打的人是谁？

Shì de, nàxiē diāoxiàng zhōng ái dǎ de rén shì shéi?

王　刚：是通过不正当手段得到钱财的坏人吗？

Shì tōngguò bú zhèngdàng shǒuduàn dédào qiáncái de huài rén ma?

洪吉童：非常正确。

Fēicháng zhèngquè.

단어

许晔 Xǔ Yè 허엽(조선 인명)
许篈 Xǔ Fēng 허봉(조선 인명)
庶子 shùzǐ 서자
承认 chéngrèn 인정하다
出走 chūzǒu 도망가다, 떠나다
盗贼 dàozéi 도둑, 도적
夺取 duóqǔ 빼앗다, 탈취하다
坏人 huàirén 나쁜 사람, 악인
贫穷 pínqióng 가난하다
岛国 dǎoguó 섬나라
统治 tǒngzhì 통치하다
整个 zhěnggè 모든

陶渊明 Táo Yuānmíng 도연명(중국 인명)
≪桃花源记≫ Táohuāyuán jì
　　　≪도화원기≫(중국 작품명)
描写 miáoxiě 묘사하다
武陵桃园 Wǔlíng táoyuán 무릉도원, 유토피아
创建 chuàngjiàn 창설하다, 창립하다
乌托邦 Wūtuōbāng 유토피아
雕像 diāoxiàng 조각상
挨打 ái dǎ 매를 맞다
正当 zhèngdàng 정당하다
手段 shǒuduàn 수단

보충 학습

1. 一下(儿)

항상 "一"와 함께 쓰여 동작 경험의 시간이 짧음을 표시.

(1) 你等一下, 我马上就来。
(2) 这个问题我要想一下。
(3) 我去看一下, 史密斯先生来了没有。

2. 보어 下

충분한 공간이 있어서 수용 가능함을 표시한다.

(1) 这个办公室不算大, 只放得下四张桌子, 四把椅子。
(2) 这种公共汽车坐得下三十个人。
(3) 你们如果都来, 恐怕住不下。

仙子岭和大关岭羊群牧场

선자령과 대관령 양떼목장

주문진항

허난설헌과
허균의 생가

진고개

강릉동계올림픽센터

경포호수

소금강

강릉임영관 객사문

강릉임영관 칠사당

강릉단오장터
강릉단오제본부

대관령옛길

상원사

선자령

대관령박물관

비로봉

대관령
양떼목장

하슬라
아트월드

제왕산

정동진역

강릉국사성황당

월정사 전나무숲길

등계
센터

촛대 바위

추암역

선자령과 대관령 양떼목장
(仙子岭和大关岭羊群牧场)

洪吉童: 王刚, 小金刚你爬过了, 感觉怎么样啊?
Wánggāng, Xiǎojīngāng nǐ pá guo le, gǎnjué zěnmeyàng a?

王　刚: 虽然很累, 但是很爽。很有意思!
Suīrán hěn lèi, dànshì hěn shuǎng. Hěn yǒuyìsi!

洪吉童: 那想不想再去爬爬别的山啊?
Nà xiǎng bu xiǎng zài qù pápa biéde shān a?

王　刚: 当然想啊! 可是太高的山我可能爬不上去。
Dāngrán xiǎng a! Kěshì tài gāo de shān wǒ kěnéng pá bu shàngqu.

洪吉童: 有一座山虽然海拔较高, 但登山路比较平坦, 很好爬。
Yǒu yí zuò shān suīrán hǎibá jiào gāo, dàn dēngshānlù bǐjiào píngtǎn, hěn hǎo pá.

王　刚: 什么山啊?
Shénme shān a?

洪吉童: 就是仙子岭。
Jiùshì Xiānzǐlǐng.

王　刚: 哈哈, 山里有仙子吗? 怎么叫这么好听的名字呢?
Hāhā, shānli yǒu xiānzǐ ma? Zěnme jiào zhème hǎotīng de míngzi ne?

洪吉童: 名字的来历, 我以后再告诉你。你先告诉我想不想去吧。
Míngzi de láilì, wǒ yǐhòu zài gàosù nǐ. Nǐ xiān gàosù wǒ xiǎng bu xiǎng qù ba.

王　刚: 仙子岭有什么吸引人的地方?

Xiānzǐlǐng yǒu shénme xīyǐn rén de dìfang?

洪吉童: 站在山顶, 能看到四面八方的群山和呜呜旋转的大风车什么
的, 风景美极了!

Zhàn zài shāndǐng, néng kàn dào sìmiànbāfāng de qúnshān hé wūwū xuánzhuǎn de
dàfēngchē shénme de, fēngjǐng měi jí le!

王 刚: 听说还能看见美丽的东海?

Tīngshuō hái néng kànjiàn měilì de Dōnghǎi?

洪吉童: 没错儿! 要是天气好, 就一定能看到!

Méicuòr! Yàoshi tiānqì hǎo, jiù yídìng néng kàndào!

王 刚: 太好了! 我要去亲眼看一看!

Tài hǎo le! Wǒ yào qù qīnyǎn kàn yi kàn!

洪吉童: 那咱们明天就出发吧!

Nà zánmen míngtiān jiù chūfā ba!

단어

感觉 gǎnjué 감각, 느끼다, 여기다
爽 shuǎng 상쾌하다, 시원하다
当然 dāngrán 당연하다
海拔 hǎibá 해발
比较 bǐjiào 비교하다, 비교적
平坦 píngtǎn 평탄하다
仙子岭 Xiānzǐlǐng 선자령(산명)
仙子 xiānzǐ 신선, 선녀.
好听 hǎotīng 듣기 좋다, 감미롭다
来历 láilì 유래, 내력
吸引 xīyǐn 끌어당기다, 매료시키다

山顶 shāndǐng 산정상
四面八方 sì miàn bā fāng 사면팔방
群山 qúnshān 많은 산, 뭇 산
呜呜 wūwū 웅웅, 윙윙(의성어)
旋转 xuánzhuǎn 돌아가다, 회전하다
大风车 dà fēngchē 큰 풍차
什么的 shénme de 따위, 등등
东海 Dōnghǎi 동해
亲眼 qīnyǎn 직접, 제 눈으로
出发 chūfā 출발하다

1. 虽然~但是~

접속사 "虽然"과 "但是"는 함께 복문을 구성하여 역접, 전환 관계를 나타낸다.

虽然很累, 但是很爽。(비록 지치기는 하지만 아주 상쾌하다.)

바꾸기 연습

		他有电脑,		不常用。
		下大雪		不冷。
我	虽然	不愿意做,	但是	没办法。
公司		很远,		工作很好。

2. 동사 + 得/不 + 방향보어

"동사 + 得/不 + 방향보어"의 구식은 가능보어를 구성하여 가능한지 또는 불가능한지 여부를 나타낸다.

太高的山我可能爬不上去。
(너무 높은 산은 나는 아마도 올라갈 수 없을 거야.)

바꾸기 연습

门太小了, 汽车	开		进去。
没味道, 我	吃	不	下去。
山不太高, 我	爬		上去。
东西很重, 你	拿	得	上来吗?

3. 好 + 동사

"好 + 동사"의 구식은 동작을 하기가 쉬움을 나타낸다.

登山路比较平坦, 很好爬。
(등산로가 비교적 평탄하여 아주 오르기 쉽다.)

바꾸기 연습

这个问题			回答。
这事儿		好	办。
汉字	不		写。
外语			学。

4. 要是~就~

"要是~就~"는 복문을 구성하여 가정을 나타낸다. "要是"는 "만약(如果)"의 뜻
에 해당한다.

要是天气好的话, 就一定能看到!
(만약 날씨가 좋다면 반드시 볼 수 있을 것이다.)

바꾸기 연습

	你喜欢,	我		送给你吧。
要是	下雨,	我们	就	不出去。
	江陵有滑冰比赛,	我		去看。
	学校停课,	学生们		休息。

1. 다음 중국어의 한어병음과 뜻을 적으시오.

(1) 感觉(   )(   )

(2) 平坦(   )(   )

(3) 吸引(   )(   )

(4) 亲眼(   )(   )

2. 다음 한어병음의 중국어와 뜻을 적으시오.

(1) hǎibá(   )(   )

(2) hǎotīng(   )(   )

(3) láili   (   )(   )

(4) xuánzhuǎn(   )(   )

3. 다음 괄호 안에 적당한 중국어를 넣으시오.

(1) 小金刚你爬(   )了, 感觉怎么样啊?

(2) (   )很累, 但是很爽。

(3) 可是太高的山我可能爬不(   )。

(4) (   )天气好, 就一定能看到!

4. 본문에 근거하여 다음 물음에 중국어로 답하시오.

(1) 王刚爬小金刚有什么感想?

(2) 仙子岭有什么特点?

(3) 仙子岭为什么很吸引人?

(4) 在仙子岭的山顶一定能看见东海吗?

보충회화1

양떼목장과 선자령
(羊群牧场与仙子岭)

王　刚: 有人强烈推荐我去仙子岭。仙子岭在哪里?
　　　　Yǒu rén qiángliè tuījiàn wǒ qù Xiānzǐlǐng. Xiānzǐlǐng zài nǎli?

洪吉童: 它就是来江陵的必经之地——大关岭旁边的一座山。
　　　　Tā jiù shì lái Jiānglíng de bì jīng zhī dì —— Dàguānlǐng pángbiān de yí zuò shān.

王　刚: 为什么那么多人去那里?
　　　　Wèi shénme nàme duō rén qù nàli?

洪吉童: 因为仙子岭的入口处有一个牧场,有小孩儿的家庭经常去玩。
　　　　在那里可以喂喂羊, 观赏观赏羊群, 还可以漫步欣赏美丽的
　　　　大草原。
　　　　Yīnwèi Xiānzǐlǐng de rùkǒu chù yǒu yí ge mùchǎng, yǒu xiǎoháir de jiātíng jīngcháng
　　　　qù wán. Zài nàli kěyǐ wèiwei yáng, guānshǎng guānshǎng yángqún, hái kěyǐ mànbù
　　　　xīnshǎng měilì de dà cǎoyuán.

王　刚: 听说那个牧场非常有名。
　　　　Tīngshuō nà ge mùchǎng fēicháng yǒumíng.

洪吉童: 对, 那就是大关岭三养牧场。走过牧场, 很快就能登上仙子
　　　　岭顶峰。站在顶峰, 一览众山小。
　　　　Duì, nà jiùshì Dàguānlǐng Sānyǎng mùchǎng. Zǒu guò mùchǎng, hěn kuài jiù néng dēng
　　　　shàng Xiānzǐlǐng dǐngfēng. Zhàn zài dǐngfēng, yì lǎn zhòng shān xiǎo.

王　刚: 中国的格言"无限风光在险峰", 说的就是仙子岭一样的景观。
　　　　Zhōngguó de géyán "wúxiàn fēngguāng zài xiǎnfēng", shuō de jiù shì Xiānzǐlǐng yíyàng
　　　　de jǐngguān.

洪吉童: 是个很不错的比喻。

Shì ge hěn búcuò de bǐyù.

단어

强烈 qiángliè 강렬하다
推荐 tuījiàn 추천하다
仙子岭 Xiānzǐlǐng 선자령(관광명소)
必经之地 bì jīng zhī dì 반드시 거쳐 가야 하는 곳
羊群牧场 yángqún mùchǎng 양떼목장
入口处 rùkǒu chù 입구 지역
喂 wèi 야, 어이; 동물에게 먹이를 주다, 기르다
观看 guānkàn 구경하다, 관람하다
漫步 mànbù 한가롭게 거닐다, 발길 닿는 대로 걷다
大草原 dà cǎoyuán 대초원

三养牧场 Sānyǎng mùchǎng 삼양목장(관광명소)
广阔 guǎngkuò 광활하다, 드넓다
无垠 wúyín 끝없다, 무한하다
(참고) 无限 wúxiàn
视野 shìyě 시야
格言 géyán 격언
无限风光在险峰 wúxiàn fēngguāng zài xiǎnfēng 험준한 봉우리에서 비로소 끝없이 펼쳐진 경치를 볼 수 있다
景观 jǐngguān 경관, 경치
比喻 bǐyù 비유(하다)

1. 要是

가정을 나타낸다. "만약(如果)"의 뜻이 있으며 구어에서 자주 사용한다.

(1) 要是你能陪他一起去旅行, 那多好啊!
(2) 明天要是下雨, 咱们就别出去了。
(3) 小李会告诉你的, 要是下午有事。

2. ~的话

복문의 가정구 끝에 쓰여서 가정의 어감을 나타낸다.

(1) 如果你愿意的话, 星期天来我家玩吧。
(2) 要是大家都赞成的话, 就这么办了。
(3) 我想试一试, 如果可以的话。

선자령 등산
(攀登仙子岭)

洪吉童: 咱们登上仙子岭顶峰，怎么样？

Zánmen dēng shàng Xiānzǐlǐng dǐngfēng, zěnmeyàng?

王　刚: 有多高？

Yǒu duō gāo?

洪吉童: 仙子岭顶峰海拔1200米，但是我们所在的入口处海拔800米，只要再登400米就行了。

Xiānzǐlǐng dǐngfēng hǎibá yì qiān èr bǎi mǐ, dànshì wǒmen suǒ zài de rùkǒu chù hǎibá bābǎi mǐ, zhǐyào zài dēng sìbǎi mǐ jiù xíng le.

王　刚: 大约要多长时间呢？

Dàyuē yào duō cháng shíjiān ne?

洪吉童: 往返大约4个小时。现在再上去一点点，就是辽阔无垠的牧场了。那里风很大，所以立起了许多大风车，运用风力进行发电。

Wǎngfǎn dàyuē sì ge xiǎoshí. Xiànzài zài shàngqù yìdǎndiǎn, jiùshì liáokuò wúyín de mùchǎng le. Nàli fēng hěn dà, suǒyǐ lì qǐ le xǔduō dà fēngchē, yùnyòng fēnglì jìnxíng fādiàn.

王　刚: 啊，大风车气势磅礴啊！好像攀登欧洲某座高山一样的感觉啊！

Ā, dà fēngchē qìshì pángbó a! Hǎoxiàng pāndēng Ōuzhōu mǒu zuò gāo shān yíyàng de gǎnjué a!

단어

~就行了 ~jiù xíng le ~하면 된다	风力 fēnglì 풍력
多长时间 duō cháng shíjiān 얼마 동안	进行 jìnxíng 하다, 진행하다
(참고) 多久	发电 fādiàn 발전(하다)
到达 dàodá 도착하다	气势 qìshì 기세
行程 xíngchéng 여정, 노정	磅礴 pángbó 성대하다, 드높다
辽阔无垠 liáokuò wúyín 끝없이 드넓다	攀登 pāndēng 오르다
立起 lì qǐ 세우다	欧洲 Ōuzhōu 유럽
运用 yùnyòng 이용하다, 운용하다	

보충 학습

1. 결과보어 住

동작을 통해서 어떤 사물로 하여금 특정한 위치에 견고하게 머물게 함을 표시한다. 부정은 "没(有)"를 사용한다.

    (1) 你拿住, 别掉了。
    (2) 记住, 以后常常来信。
    (3) 学过的生词、语法, 我都记住了。
    (4) 昨天学的生词, 我没(有)记住。

2. 결과보어 在

어떤 때는 보어 역할을 하여 사람이나 사물이 동작을 통해 어느 장소에 존재하고 있음을 나타낸다. 이때 "在"의 뒤에는 처소를 표시하는 전치사 목적어가 있어야 한다.

    (1) 我的本子忘在教室了。
    (2) 同志, 你的本子掉在地上了。
    (3) 小张, 信放在桌子上吧。
    (4) 忘在饭店里了。

何瑟罗艺术世界

하슬라 아트월드

주문진항

허난설헌과
허균의 생가

진고개

강릉동계올림픽센터   경포호수

소금강

강릉임영관 객사문

강릉임영관 칠사당

대관령옛길   강릉단오장터
강릉단오제본부

상원사

비로봉   선자령   대관령   대관령박물관   하슬라
아트월드

양떼목장   제왕산   정동진역

월정사   전나무숲길   강릉국사성황당

통계
센터

촛대 바위

추암역

제10과

하슬라 아트월드
(何瑟罗艺术世界)

王　刚: 江陵真是个环境优美、人才辈出的好地方啊！
　　　　Jiānglíng zhēn shì ge huánjìng yōuměi、réncái bèichū de hǎo dìfang a!

洪吉童: 你说得太对了！
　　　　Nǐ shuō de tài duì le!

王　刚: 江陵的人文景观一定也很有特色吧？
　　　　Jiānglíng de rénwén jǐngguān yídìng yě hěn yǒu tèsè ba?

洪吉童: 你对哪个方面感兴趣呢？
　　　　Nǐ duì nǎ ge fāngmiàn gǎn xìngqù ne?

王　刚: 我对雕刻工艺很有兴趣, 要是能再看看雕刻艺术品, 我就心满意足了。
　　　　Wǒ duì diāokè gōngyì hěn yǒu xìngqù, yàoshi néng zài kànkan diāokè yìshùpǐn, wǒ jiù xīnmǎnyìzú le.

洪吉童: 哈哈! 何瑟罗艺术世界有的是雕刻艺术品, 可以去那里看看。
　　　　Hāhā! Hésèluó yìshù shìjiè yǒu de shì diāokè yìshùpǐn, kěyǐ qù nàli kànkan.

王　刚: 何瑟罗艺术世界? 很好听的名字!
　　　　Hésèluó yìshù shìjiè? Hěn hǎotīng de míngzi!

洪吉童: 何瑟罗是高句丽时期江陵的旧称。
　　　　Hésèluó shì Gāogōulí shíqī Jiānglíng de jiù chēng.

王　刚: 哦! 现在用作艺术世界的名字, 真是再合适不过了。

Ò! Xiànzài yòng zuò yìshù shìjiè de míngzi, zhēn shì zài héshì búguò le.

洪吉童： 我也是这么想的。

Wǒ yě shì zhème xiǎng de.

王　刚： 那里有哪些雕刻艺术品呢？

Nàli yǒu nǎxiē diāokè yìshùpǐn ne?

洪吉童： 有人和动物的雕刻像等。

Yǒu rén hé dòngwù de diāokèxiàng děng.

王　刚： 我很喜欢夸张的木雕人形，那里有吗？

Wǒ hěn xǐhuan kuāzhāng de mùdiāo rénxíng, nàli yǒu ma?

洪吉童： 有啊！可爱的、搞笑的、亲切的人形都有，各种各样。

Yǒu a! Kě'ài de、gǎoxiào de、qīnqiè de rénxíng dōu yǒu, gè zhǒng gè yàng.

王　刚： 太好了！我应该早点儿去看看。

Tài hǎo le! Wǒ yīnggāi zǎo diǎnr qù kànkan.

단어

优美 yōuměi 우아하고 아름답다

人才(=材) réncái 인재

辈出 bèichū 배출되다, 계속 나오다

人文景观 rénwén jǐngguān 문화 예술적 환경

对~感(有)兴趣 duì~gǎn(yǒu) xìngqù
  ~에 대해 흥미를 느끼다,
  ~에 대해 관심이 있다

雕刻 diāokè 조각(하다)

工艺 gōngyì 수공예
  (참고) ~品, ~美术

要是 yàoshi 만약, 만일

艺术品 yìshùpǐn 예술품

心满意足 xīnmǎnyìzú 매우 만족해하다.
  (참고) 意满心足 yìmǎn xīnzú
  天长地久 tiāncháng dìjiǔ
  家喻户晓 jiāyù hùxiǎo

何瑟罗 Hésèluó 하슬라(관광명소)

艺术世界 yìshù shìjiè 아트 월드

有的是 yǒudeshì 얼마든지 있다, 많이 있다

高句丽 Gāogōulí 고구려(한국의 왕조명)

时期 shíqī 시기, 시대

旧称 jiùchēng 옛 이름

再~不过 zài~búguò 몹시[대단히] ~하다

合适 héshì 적합하다, 알맞다
  (참고) 适合

动物 dòngwù 동물

雕刻像 diāokèxiàng 조각상

夸张 kuāzhāng 과장하다
  (참고) 夸奖

木雕 mùdiāo 나무 조각

人形 rénxíng 인형

可爱 kě'ài 사랑스럽다, 예쁘다

搞笑 gǎoxiào 웃기다
  (참고) ~片儿

亲切 qīnqiè 따뜻하다, 다정하다, 친절하다

各种各样 gè zhǒng gè yàng 각종, 각양

중점 학습

1. 一定~吧?

스스로 의심할 여지가 없다고 여기지만 그렇다고 확실하게 단정 지을 수는 없어서 상대방의 동의를 구하고자 할 때 바로 "一定~吧?"의 구식으로 물을 수 있다.

江陵的人文景观一定也很有特色吧?
(강릉의 문화 예술적 환경은 틀림없이 또한 아주 특색이 있겠지요?)

바꾸기 연습

你		还没吃饭
你们	一定	很想来江陵看冬奥会
雪后的江陵		很美
王刚		不了解平昌

吧?

2. 对A感兴趣

"对A感兴趣"의 구식은 "A"를 좋아한다는 뜻을 나타낸다.

我对雕刻工艺很感兴趣。(나는 조각 공예에 아주 흥미를 느낀다.)

바꾸기 연습

你		哪个方面	感兴趣	呢?
我	对	冰壶比赛	很	
这孩子		游泳	不	感兴趣。
王刚		什么	都	

3. 有的是

"有的是"의 구식은 아주 많이 있다는 뜻을 나타내며, 구어에서 자주 사용한다.

何瑟罗艺术世界有的是雕刻艺术品。
(하슬라 아트월드에는 조각예술품이 아주 많이 있다.)

바꾸기 연습

退休以后, 老王			时间。
早晚的公园里,		有的是	人。
在镜浦湖边运动的人	有的是。		
江陵的松树			

4. ~再A不过了

"~再A不过了"의 구식은 가장 "A"하다는 뜻을 강조하여 나타내며, 구어에서
자주 사용한다.

2018年寒假去平昌看冬奥会再合适不过了。(2018년 겨울방학에 동계올림픽
을 보러 평창에 가는 것이야말로 가장 적합한 일이다.)

바꾸기 연습

叫何瑟罗艺术世界,		合适	
北京烤鸭		好吃	
高山滑雪	再	刺激	不过了。
考试时的心情		紧张	

연습문제

1. 다음 중국어의 한어병음과 뜻을 적으시오.

(1) 优美(　　　　　)(　　　　　　　)

(2) 合适(　　　　　)(　　　　　　　)

(3) 夸张(　　　　　)(　　　　　　　)

(4) 亲切(　　　　　)(　　　　　　　)

2. 다음 한어병음의 중국어와 뜻을 적으시오.

(1) bèichū(　　　　　　　)(　　　　　　　)

(2) yìshùpǐn(　　　　　　　)(　　　　　　　)

(3) kě'ài(　　　　　)(　　　　　　　)

(4) gè zhǒng gè yàng(　　　　　　　)(　　　　　　　)

3. 다음 괄호 안에 적당한 중국어를 넣으시오.

(1) 江陵的人文景观(　　　)也很有特色(　　　)?

(2) 你对哪个方面感(　　　)呢?

(3) 现在用作艺术世界的名字, 真是(　　　)合适(　　　)了。

(4) 可爱的、搞笑的、亲切的人形都有, (　　　)各样。

4. 본문에 근거하여 다음 물음에 중국어로 답하시오.

(1) 王刚认为江陵是一个什么样的地方?

(2) 王刚对什么工艺品感兴趣?

(3) 何瑟罗是什么意思?

(4) 何瑟罗艺术世界里有哪些木雕人形?

하슬라의 조각예술
(何瑟罗艺术世界)

王　刚: 何瑟罗是什么意思?

　　　 Hésèluó shì shénme yìsi?

洪吉童: 是高句丽时期江陵的名字。

　　　 Shì Gāogōulí shíqī Jiānglíng de míngzi.

王　刚: 何瑟罗艺术世界在江陵市内吗?

　　　 Hésèluó yìshù shìjiè zài Jiānglíng shìnèi ma?

洪吉童: 不是, 它建在山上。过了江陵安仁津, 会看到海, 再沿着海边
　　　 的路, 经过灯明洛伽寺, 就会看到何瑟罗艺术世界。

　　　 Búshì, Tā jiàn zài shān shàng. Guò le Jiānglíng Ānrénjīn, huì kàndào hǎi, zài yánzhe
　　　 hǎibiān de lù, jīngguò Dēngmíngluòjiāsì, jiù huì kàndào Hésèluó yìshù shìjiè.

王　刚: 那么, 那个地方也能俯瞰东海了?

　　　 Nàme, nà ge dìfang yě néng fǔkàn Dōnghǎi le?

洪吉童: 对, 又能欣赏艺术作品, 又能眺望蓝蓝的大海, 算得上是天下
　　　 第一绝品。

　　　 Duì, yòu néng xīnshǎng yìshù zuòpǐn, yòu néng tiàowàng lánlán de dà hǎi, suàn de
　　　 shàng shì tiānxià dì yī juépǐn.

王　刚: 何瑟罗艺术世界, 一看名字就知道它是艺术的世界。
　　　 在那里能看到什么?

　　　 Hésèluó yìshù shìjiè, yí kàn míngzi jiù zhīdào tā shì yìshù de shìjiè. Zài nàli néng kàndào
　　　 shénme?

洪吉童: 何瑟罗艺术世界有两个部分：一部分是野外雕刻公园，另一部分是美术馆。野外雕刻公园有各式各样的雕像，美术馆陈列着许多名画，还有人形。

Hésèluó yìshù shìjiè yǒu liǎng ge bùfen: yí bùfen shì yěwài diāokè gōngyuán, lìng yí bùfen shì měishùguǎn. Yěwài diāokè gōngyuán yǒu gè shì gè yàng de diāoxiàng, měishùguǎn chénliè zhe xǔduō mínghuà, hái yǒu rénxíng.

王　刚: 是吗？我想快点儿去看看。

Shì ma? Wǒ xiǎng　kuàidiǎnr qù kànkan.

洪吉童: 好，我带你去。

Hǎo, wǒ dài nǐ qù.

단어

安仁津 Ānrénjīn 안인진(지명)
海边 hǎibiān 해변
沿着 yán zhe ~를 따라서
灯明洛伽寺 Dēngmíngluòjiāsì
　　　　등명낙가사(관광명소)
建在~ jiàn zài~ ~에 세우다
俯瞰 fǔkàn 굽어보다, 내려다보다
眺望 tiàowàng 멀리 바라보다, 전망하다
蓝蓝 lánlán 아주 푸르다

大海 dàhǎi 바다
算得上 suàn de shàng
　　　~라고 여길[헤아릴] 수 있다
绝品 juépǐn 비할 데 없이 훌륭한 물건
一~就~ yī~jiù~ ~하자마자 ~하다
野外 yěwài 야외
美术馆 měishùguǎn 미술관
陈列 chénliè 진열(하다)
名画 mínghuà 명화

1. 一～就～

하나의 동작이나 상황이 출현한 뒤에 곧 이어서 다른 동작이나 상황이 발생함을 표시한다. 주어는 동일할 수도 다를 수도 있다.

(1) 他一有空儿就学习。
(2) 他一进门就把好消息告诉大家了。
(3) 他一说, 我们就都明白了。

2. 这～就～

구어에서 "지금(现在)"의 뜻으로 사용하며 뒤에 흔히 "就" 등을 수반한다.

(1) 你等等, 他这就给你拿去。
(2) 别出去了, 这就开演。
(3) 这就准备好, 你去请他们来吧。
(4) 我这就给你接。

하슬라 아트월드 안에서
(何瑟罗艺术世界内)

王　刚: 那个肚子鼓鼓囊囊的女人像象征着什么？

Nà ge dùzi gǔgunāngnāng de nǚrén xiàng xiàngzhēng zhe shénme?

洪吉童: 可能是象征着多子和丰饶吧。

Kěnéng shì xiàngzhēng zhe duō zǐ hé fēngráo ba.

王　刚: 有一种欣赏地中海或南美女神的感觉呢。

Yǒu yì zhǒng xīnshǎng Dìzhōnghǎi huò Nánměi nǚshén de gǎnjué ne.

洪吉童: 是吗？那不是典型的韩国女人像。典型的韩国女人像是穿着
白色裙子，头上顶着水罐儿的样子。

Shì ma? Nà bú shì diǎnxíng de Hánguó nǚrén xiàng. Diǎnxíng de Hánguó nǚrén xiàng shì chuān zhe bái sè qúnzi, tóu shang dǐng zhe shuǐguànr de yàngzi.

王　刚: 江陵传统文化虽然丰富多彩，但这里有更杰出的雕像艺术
公园，好像更上一个层次。

Jiānglíng chuántǒng wénhuà suīrán fēngfùduōcǎi, dàn zhèlǐ yǒu gèng jiéchū de diāoxiàng yìshù gōngyuán, hǎoxiàng gèng shàng yí ge céngcì.

洪吉童: 可以这么说吧。仅有传统的东西，人们很容易厌烦，只有将传
统和现代相结合，才能深深感受到文化的韵味。

Kěyǐ zhème shuō ba. Jǐn yǒu chuántǒng de dōngxi, rénmen hěn róngyì yànfán, zhǐyǒu jiāng chuántǒng hé xiàndài xiāng jiéhé, cái néng shēnshēn gǎnshòu dào wénhuà de yùnwèi.

단어

肚子 dùzi 배
鼓鼓囊囊 gǔgunāngnāng 울퉁불퉁하다
象征 xiàngzhēng 상징(하다)
多子 duōzǐ 다산
丰饶 fēngráo 풍요롭다
地中海 Dìzhōnghǎi 지중해(지명)
南美 Nánměi 남미(지명)
女神 nǚshén 여신
典型 diǎnxíng 전형, 전형적이다

裙子 qúnzi 치마
顶 dǐng 머리에 이다, 모자 등을 세는 단위
水罐儿 shuǐguànr 물 항아리
丰富多彩 fēngfùduōcǎi 풍부하고 다채롭다
杰出 jiéchū 걸출하다
层次 céngcì 순서, 단계
厌烦 yànfán 귀찮아하다, 싫어하다
感受 gǎnshòu 체험하다, 느끼다
韵味 yùnwèi 우아한 맛, 아취, 운치

보충 학습

1. 半

(1) 수사가 없을 때는 양사 앞
　　"半张纸"、"半斤糖"、"半年"

(2) 수사가 있을 때는 양사 뒤
　　"一杯半水"、"三天半"、"六点半"。

2. 来

"来"는 다른 동사 앞에서 어떤 일을 하고자 함을 나타낸다. 어기를 완화시키는 역할을 한다.

(1) 我来想办法。
(2) 大家来商量商量。
(3) 你来给大家讲一下。
(4) 我来介绍一下

어떤 때는 "来"는 어떤 동작을 한다는 뜻으로서 뜻이 구체적인 동사를 대신하기도 한다. 구어에서 자주 사용한다.

(1) 使油吗? 少来一点儿。(＝少使一点, 少用一点儿)
(2) 唱得好极了, 再来一个。(＝再唱一个)
(3) 咱们再来一杯。(＝再喝一杯)

正东津站 1

제11과

정동진역 1

주문진항

허난설헌과
허균의 생가

진고개   경포호수

소금강   강릉동계올림픽센터

강릉임영관 객사문

상원사   강릉임영관 칠사당

비로봉   강릉단오장터
                          강릉단오제본부
            대관령옛길
선자령   대관령   대관령박물관   하슬라
월정사   양떼목장   아트월드
      전나무숲길   제왕산   정동진역
      강릉국사성황당

계
터

촛대 바위

추암역

정동진역 1
(正东津站)

洪吉童: 王刚，你知道首尔的正东方向是什么地方吗？

Wāng Gāng, nǐ zhīdào Shǒu'ěr de zhèngdōng fāngxiàng shì shénme dìfang ma?

王　刚: 我听说过，是正东津，对吧？

Wǒ tīngshuō guo, shì Zhèngdōngjīn, duì ba?

洪吉童: 你真厉害！连这个也知道！

Nǐ zhēn lìhai! Lián zhègè yě zhīdào!

王　刚: 知道是知道，但不知道它为什么那么有名。你来介绍一下吧！

Zhīdào shì zhīdào, dàn bù zhīdào tā wèi shénme nàme yǒumíng.
Nǐ lái jièshào yíxià ba!

洪吉童: 正东津出名的原因有好几个。

Zhèngdōngjīn chū míng de yuányīn yǒu hǎo jǐ gè.

王　刚: 哪几个呢？

Nǎ jǐ gè ne?

洪吉童: 第一个，是因为电视剧≪沙漏≫就是在这儿拍摄的，这部电视剧使正东津一下子火了起来。

Dì yī gè, shì yīnwèi diànshìjù ≪Shālòu≫jiù shì zài zhèr pāishè de, zhè bù diànshìjù shǐ Zhèngdōngjīn yíxiàzi huǒ le qǐlái.

王　刚: 其它的原因呢？

Qítā de yuányīn ne?

洪吉童: 还有一个原因，是因为它是世界上离海最近的火车站，已经
记录在吉尼斯世界纪录里了。

Hái yǒu yí ge yuányīn, shì yīnwèi tā shì shìjiè shang lí hǎi zuì jìn de huǒchēzhàn, yǐjīng jìlù zài Jínísī shìjiè jìlù li le.

王　刚: 真了不起! 还有别的原因吗?

Zhēn liǎobuqǐ! Hái yǒu bié de yuányīn ma?

洪吉童: 有啊，正东方向嘛，是看日出的最佳地方啊! 哈哈!

Yǒu a, zhèngdōng fāngxiàng ma, shì kàn rìchū de zuìjiā dìfang a! Hāhā!

王　刚: 哦! 还有没有别的原因呢?

Ò! Hái yǒu méiyǒu bié de yuányīn ne?

洪吉童: 还有一个啊，你肯定感兴趣的!

Hái yǒu yí ge a, nǐ kěndìng gǎn xìngqù de!

王　刚: 什么呀?

Shénme ya?

洪吉童: 就是在这里能吃到最新鲜美味的海产品啊!

Jiù shì zài zhèli néng chīdào zuì xīnxiān měiwèi de hǎichǎnpǐn a!

단어

首尔 Shǒu'ěr 서울(지명)
正东 zhèngdōng 정방향 동쪽
方向 fāngxiàng 방향
正东津 Zhèngdōngjīn 정동진(지명)
　(참고) 正西津
厉害 lìhai 대단하다, 심하다
连~也(都) lián ~ yě(dōu)
　심지어 ~까지[조차]도
出名 chūmíng 유명해지다, 이름이 나다
好几 hǎo jǐ 여럿
电视剧 diànshìjù TV 연속극
≪沙漏≫ Shālòu ≪모래시계≫
一下子 yíxiàzi 갑자기, 돌연, 일시에

拍摄 pāishè 촬영하다
　(참고) 照照片, 照相
火 huǒ 번창하다, 인기가 오르다
记录 jìlù 기록(하다)
吉尼斯 Jínísī 기네스(서양 진기 기록 서적명)
世界纪录 shìjiè jìlù 세계기록
日出 rìchū 일출
最佳 zuìjiā 가장 훌륭하다[좋다]
新鲜 xīnxiān 신선하다
　(참고) 海鲜
美味 měiwèi 맛있다, 맛 좋다
海产品 hǎichǎnpǐn 해산물

1. 连A都/也

"连"은 "A"를 강조하여 "甚至于A", 즉 "심지어 A조차도[까지도]"의 뜻을 나타낸다.

王刚连正东津都知道. (왕강은 심지어 정동진조차도 알고 있다.)

바꾸기 연습

他	连	三岁的孩子	都	会滑冰。
人们		一元钱		没有。
王刚		喝水		困难。
		一句韩语		听不懂。

2. A是A, 但~

이 구식은 앞 구에서 일단 "A"를 긍정하였다가 뒤 구에서 다시 반대로 전환하여 "A"와는 다른 상황을 제시하는 데 사용된다.

知道是知道, 但不知道它为什么那么有名.
(알기는 알지만 그러나 그것이 왜 그렇게 유명한지에 대해서는 알지 못한다.)

바꾸기 연습

喜欢是喜欢,	但	不一定买	吧?
吃是吃,		吃得很少。	
好看是好看,		眼睛有点儿小。	
能修好是能修好		得需要很长时间。	

3. 好

"好"는 수량사나 시간사 앞에 쓰여서 수량이나 시간이 많음을 나타낸다.

正东津出名的原因有好几个。
(정동진이 유명해진 원인으로는 여러 가지가 있다.)

바꾸기 연습

她一天换			几件	衣服。
大家等了		好	半天。	
	好		多人	来看比赛。
			久	没来车。

4. 동사/형용사 + 了 + 起来

"동사/형용사 + 了 + 起来"는 동작이나 상황이 시작되고 나서 계속 진행되고 있음을 나타낸다.

正东津一下子火了起来。(정동진은 갑자기 번창하기 시작했다.)

바꾸기 연습

街上的人们都	跑		
两个人	吵	了	起来。
天气突然	冷		
到了训练场地, 他就	练		

※ 동사 + 起来 + 了

"동사 + 起来 + 了"는 동작이 완성되었거나 목적에 도달했음을 나타낸다.

哦, 我想起来了! (아, 나는 생각이 났다.)

1. 다음 중국어의 한어병음과 뜻을 적으시오.

(1) 首尔(   )(   )

(2) 厉害(   )(   )

(3) 拍摄(   )(   )

(4) 美味(   )(   )

2. 다음 한어병음의 중국어와 뜻을 적으시오.

(1) diànshìjù(   )(   )

(2) yíxiàzi(   )(   )

(3) zuìjiā(   )(   )

(4) hǎichǎnpǐn(   )(   )

3. 다음 괄호 안에 적당한 중국어를 넣으시오.

(1) 你真厉害! (   )这个(   )知道!

(2) 知道是(   ), 但不知道它为什么那么有名。

(3) 正东津出名的原因有(   )几个。

(4) 这部电视剧使正东津(   )火了起来。

4. 본문에 근거하여 다음 물음에 중국어로 답하시오.

(1) 正东津在首尔的什么方向?

(2) 正东津为什么一下子火了起来?

(3) 吉尼斯世界纪录里记载了正东津的什么事情?

(4) 在正东津做什么最独特?

📎

보충회화1

정동진과 모래시계
(正东津和沙漏)

王　刚: 我第一次看到紧靠海边的火车站。

　　　　Wǒ dì yī cì kàndào jǐn kào hǎibiān de huǒchēzhàn.

洪吉童: 这是韩国独一无二的火车站, 所以这里作为电影和电视剧的
　　　　拍摄地也很有名。

　　　　Zhè shì Hánguó dú yī wú èr de huǒchēzhàn, suǒyǐ zhèli zuòwéi diànyǐng hé diànshìjù
　　　　de pāishèdì yě hěn yǒumíng.

王　刚: 在这里拍过哪些电视剧?

　　　　Zài zhèli pāi guo nǎxiē diànshìjù?

洪吉童: 10年前某电视台的电视剧《沙漏》, 就是在这里拍摄的。

　　　　Shí nián qián mǒu diànshìtái de diànshìjù《Shālòu》, jiù shì zài zhèli pāishè de.

王　刚: 哦, 从此人们开始熟悉正东津火车站了。这棵松树下写着说
　　　　明, 就是那个内容吧。

　　　　Ò, cóngcǐ rénmen kāishǐ shúxī Zhèngdōngjīn huǒchēzhàn le. Zhè kē sōngshù xià xiě
　　　　zhe shuōmíng, jiù shì nà gè nèiróng ba.

洪吉童: 对, 电视剧里有女主人公在这棵松树下等火车的场景, 让人
　　　　过目不忘。

　　　　Duì, diànshìjù li yǒu nǚ zhǔréngōng zài zhè kē sōngshù xià děng huǒchē de chǎngjǐng,
　　　　ràng rén guò mù bú wàng.

王　刚: 小地摊儿有沙漏模型, 那就是象征电视剧主题的沙漏吗?

　　　　Xiǎo dìtānr yǒu shālòu móxíng, nà jiù shì xiàngzhēng diànshìjù zhǔtí de shālòu ma?

洪吉童： 是。人们记得《沙漏》这部剧，经常来这里游玩，因此商家制造了很多沙漏模型，并且还创建了宾馆、咖啡馆、餐厅等。所以正东津站不仅成了全国家喻户晓的旅游胜地，而且成了繁华的驿站。

Shì. Rénmen jìde《Shālòu》zhè bù jù, jīngcháng lái zhèli yóuwán, yīncǐ shāngjiā zhìzào le hěn duō shālòu móxíng, bìngqiě hái chuàngjiàn le bīnguǎn, kāfēiguǎn, cāntīng děng. Suǒyǐ Zhèngdōngjīn zhàn bùjǐn chéng le quán guó jiāyùhùxiǎo de lǚyóu shèngdì, érqiě chéng le fánhuá de yìzhàn.

王　刚： 所以说电视剧、电影、动画片都具有一定的影响力。现在中国和东南亚一些地区流行韩剧，剧里有很多令人羡慕的韩国文化。

Suǒyǐ shuō diànshìjù、diànyǐng、dònghuàpiān dōu jùyǒu yídìng de yǐngxiǎnglì. Xiànzài Zhōngguó hé Dōngnányà yìxiē dìqū liúxíng Hánjù, jù li yǒu hěn duō lìng rén xiànmù de Hánguó wénhuà.

洪吉童： 多亏电影和电视剧等影视产业，韩国文化才得以在外国传播，所以人们将这一现象称为"韩流"。

Duōkuī diànyǐng hé diànshìjù děng yǐngshì chǎnyè, Hánguó wénhuà cái déyǐ zài wàiguó chuánbō, suǒyǐ rénmen jiāng zhè yí xiànxiàng chēngwéi "Hánliú".

王　刚： 对，韩国人的凝聚力比任何国家都强大，还有创造力和国民的体力，看看足球运动员就会明白这一切了。是吃了人参吗？哈哈，我偶尔也感叹一下。

Duì, Hánguó rén de níngjù lì bǐ rènhé guójiā dōu qiángdà, háiyǒu chuàngzàolì hé guómín de tǐlì, kànkan zúqiú yùndòngyuán jiù huì míngbai zhè yíqiè le. Shì chī le rénshēn ma? Hāhā, wǒ ǒu'ěr yě gǎntàn yíxià.

洪吉童： 是的，韩国是天然资源不足的国家，为了更好地生存，人们只能通过凝聚力、创造力和体力来维持。最近出口比较活跃的文化商品，可以说就是韩国人创造力和想象力的产物。

Shì de, Hánguó shì tiānrán zīyuán bù zú de guójiā, wèile gèng hǎo de shēngcún, rénmen zhǐ néng tōngguò níngjùlì, chuàngzàolì hé tǐlì lái wéichí. Zuìjìn chūkǒu bǐjiào huóyuè de wénhuà shāngpǐn, kěyǐ shuō jiù shì Hánguó rén chuàngzàolì hé xiǎngxiànglì de chǎnwù.

단어

独一无二 dú yī wú èr 유일무이하다
拍摄地 pāishè dì 촬영지
电视台 diànshìtái TV 방송국
熟悉 shúxī 자세히[익히] 알다
松树 sōngshù 소나무
场景 chǎngjǐng 장면, 정경
过目不忘 guò mù bú wàng
　　　　　한 번 보면 잊지 않다
地摊儿 xiǎo dìtānr 노점
模型 móxíng 모형
制造 zhìzào 제조하다
咖啡馆 kāfēiguǎn 커피숍
家喻户晓 jiāyùhùxiǎo
　　　　　어느 집이나 다 알고 있다.
繁华 fánhuá 번화하다
动画片 dònghuàpiān 만화영화, 애니메이션

东南亚 Dōngnányà 동남아시아
韩剧 Hánjù 한국 TV 드라마 연속극
多亏 duōkuī 덕분에, 다행히, 은혜를 입다
影视产业 yǐngshì chǎnyè
　　　　　영화·드라마[영상] 산업
得以 déyǐ ~할 수 있다
传播 chuánbō 전파(하다)
韩流 Hánliú 한류(한국문화가 해외에서 유행하
　　　　　고 있는 현상을 가리키는 말)
凝聚力 níngjùlì 응집력
人参 rénshēn 인삼
更好 gènghǎo 더욱 좋다
生存 shēngcún 생존하다
只能~ zhǐnéng~ 다만 ~할 수 있을 뿐이다
维持 wéichí 유지하다
活跃 huóyuè 활발해지다, 활기를 띠다

1. 连~都/也

"连"은 단어나 구를 강조하여 "심지어(甚至)"의 뜻이 있으며, 다음 구에서 흔히 "都"、"也"와 함께 쓰인다.

　(1) 现在他连中文小说都能看了。
　(2) 他连饭也没吃就赶来了。

2. 都

"심지어(甚至)"의 뜻이 있으며 가볍게 읽는다. 또한 "벌써(已经)"의 뜻도 있다. 문장 끝에는 흔히 "了"를 쓴다.

(1) 他忙得都忘了吃饭了。
(2) 都十二点了，该休息了。
(3) 饭都凉了，快走吧。

정동진과 일출
(正东津和日出)

王　刚： 韩国人为什么在1月1日去正东津？那天不是很冷吗？

Hánguó rén wèi shénme zài yī yuè yī rì qù Zhèngdōngjīn? Nàtiān bú shì hěn lěng ma?

洪吉童： 新年一到，韩国人就会到海边看日出，许下新一年的愿望。
在看日出的场所中，正东津的日出格外美，所以1月1日人们
就去那里。

Xīnnián yí dào, Hánguó rén jiù huì dào hǎibiān kàn rìchū, xǔ xià xīn yì nián de
yuànwàng. Zài kàn rìchū de chǎngsuǒ zhōng, Zhèngdōngjīn de rìchū géwài měi, suǒyǐ
yī yuè yī rì rénmen jiù qù nàlǐ.

王　刚： 就是说，新年第一天凌晨就有很多人聚集在那里了？

Jiù shì shuō, xīnnián dì yī tiān língchén jiù yǒu hěn duō rén jùjí zài nàli le?

洪吉童： 是，去看日出的人摩肩接踵，简直没有插足的余地。

Shì, qù kàn rìchū de rén mójiān jiē zhǒng, jiǎnzhí méiyǒu chā zú de yúdì.

王　刚： 我们也去正东津看日出吧。

Wǒmen yě qù Zhèngdōngjīn kàn rìchū ba.

洪吉童： 好啊！说实话，我虽然是江陵人，但是我从来没有在那里看
过日出。

Hǎo a! Shuō shí huà, wǒ suīrán shì Jiānglíng rén, dànshì wǒ cónglái méiyǒu zài nàli
kàn guo rìchū.

王　刚： 为什么这么近的地方都没去看看呢？

Wèi shénme zhème jìn de dìfang dōu méi qù kànkan ne?

洪吉童: 就是说嘛。我20年前在台湾阿里山看过日出；10年前在安徽省黄山的光明顶看过日出。说真的，还没在我自己的家乡看过日出呢。

Jiù shì shuō ma. Wǒ èrshí nián qián zài Táiwān Ālǐshān kàn guo rì chū; shí nián qián zài Ānhuīshěng Huángshān de Guāngmíngdǐng kàn guo rìchū. Shuō zhēn de, hái méi zài wǒ zìjǐ de jiāxiāng kàn guo rìchū ne.

王　刚: 哈哈，原来如此。人们不去离自己很近的地方，就是因为觉得什么时候都可以去。生活在北京却没去过颐和园的人还是很多的，这二者是同一个道理。

Hāhā, yuánlái rú cǐ. Rénmen bú qù lí zìjǐ hěn jìn de dìfang, jiù shì yīnwèi juéde shénme shíhou dōu kěyǐ qù. Shēnghuó zài Běijīng què méi qù guo Yíhéyuán de rén háishì hěn duō de, zhè èrzhě shì tóng yí ge dàolǐ.

단어

许下 xǔxià 소원을 빌다, 발원하다
愿望 yuànwàng 바람, 소망
场所 chǎngsuǒ 장소
格外 géwài 특히, 유달리
就是说 jiù shì shuō 즉, 이를테면
凌晨 língchén 새벽
聚集 jùjí 모이다
摩肩接踵 mó jiān jiē zhǒng
　　어깨가 부딪치고 발뒤꿈치가 잇닿다,
　　발 디딜 틈이 없을 정도로 붐비다
简直 jiǎnzhí 그야말로, 완전히
插足 chāzú 발을 들여 놓다
余地 yúdì 여지

实话 shíhuà 사실, 참말
从来 cónglái 여태껏, 지금까지
台湾 Táiwān 대만(국명)
阿里山 Ālǐshān 아리산(대만의 산명)
安徽省 Ānhuīshěng 안휘성(중국의 지명)
黄山 Huángshān 황산(중국의 산명)
光明顶 Guāngmíngdǐng
　　광명정(중국 황산의 산봉우리)
家乡 jiāxiāng 고향
原来如此 yuánlái rú cǐ 알고 보니 그랬구나!
颐和园 Yíhéyuán 이화원(중국의 원림명)
道理 dàolǐ 이치, 도리

보충 학습

1. 不但~而且~

말하고자 하는 뜻 외에도 또한 더욱 심화된, 정도가 깊어진 뜻이 있음을 표시한다.

 (1) 他写的汉字不但正确, 而且整齐。
 (2) 他不但会英文, 而且还会日文和法文。

2. 不过

접속사 역할을 하며 역접을 나타낸다. "但是"보다 뜻이 좀 가벼우며 구어에서 많이 사용한다.

 (1) 听说他上星期就到了, 不过我还没见到他。
 (2) 东西确实不错, 不过价钱贵了点儿。

어떤 때는 "不过"가 범위를 표시하여 "다만 ~할 뿐(只)""다만, 겨우(仅仅)"의 뜻을 가리킨다. 앞뒤에 흔히 설명이나 해명성 말들이 들어간다. 이런 뜻을 지닐 때는 주어 앞에 사용하지 않으며 또한 문장 끝에 "罢了"를 수반하기도 한다.

 (1) 我不过谈谈自己的看法, 到底怎么办还得大家商量。
 (2) 他开始工作的时候, 不过十八岁。
 (3) 我不过问问价钱罢了。
 (4) 我不过做了一点我应该做的事罢了。

正东津站 2

정동진역 2

주문진항

허난설헌과
허균의 생가

진고개

강릉동계올림픽센터

소금강

경포호수

강릉임영관 객사문

강릉임영관 칠사당

강릉단오장터
강릉단오제본부

상원사

대관령옛길

비로봉

선자령

대관령
양떼목장

대관령박물관

하슬라
아트월드

제왕산

월정사 전나무숲길

강릉국사성황당

정동진역

계
센터

촛대 바위

추암역

제12과

정동진역 2
(正东津站)

王　刚: 洪吉童, 昨天我去了一趟正东津。
　　　　Hóng Jítóng, zuótiān wǒ qù le yí tàng Zhèngdōngjīn.

洪吉童: 是吗? 是怎么去的?
　　　　Shì ma? Shì zěnme qù de?

王　刚: 朋友开车带我去的。
　　　　Péngyou kāi chē dài wǒ qù de.

洪吉童: 真不错啊!
　　　　Zhēn búcuò a!

王　刚: 我们从镜浦海边出发, 经过安木海边、安仁津海边和灯明洛
　　　　伽寺, 一会儿就到了正东津。
　　　　Wǒmen cóng Jìngpǔ hǎibiān chūfā, jīngguò Ānmù hǎibiān, Ānrén jīn hǎibiān hé
　　　　Dēngmíngluòjiāsì, yíhuìr jiù dào le Zhèngdōng jīn.

洪吉童: 沿途看到了什么?
　　　　Yántú kàndào le shénme?

王　刚: 车窗两边是完全不一样的景色: 左边是一望无际的大海, 右
　　　　边是一家挨着一家的咖啡屋, 好浪漫啊!
　　　　Chēchuāng liǎngbiān shì wánquán bù yíyàng de jǐngsè: zuǒbiān shì yíwàngwújì de dà
　　　　hǎi, yòubiān shì yì jiā āi zhe yì jiā de kāfēiwū, hǎo làngmàn a!

洪吉童: 正东津的景色就不一样了吧?
　　　　Zhèngdōngjīn de jǐngsè jiù bù yíyàng le ba?

王　刚：是啊，那里完全不一样了，热闹极了。

Shì a, nàli wánquán bù yíyàng le, rènao jíle.

洪吉童：有多热闹？

Yǒu duō rènao?

王　刚：旅行大巴和私家车一辆挨着一辆，海产品商店一家挨着一家，来来往往的游人一个挨着一个……

Lǚxíng dàbā hé sījiāchē yí liàng āi zhe yí liàng, hǎichǎn pǐn shāngdiàn yì jiā āi zhe yì jiā, láilái wǎngwǎng de yóurén yí ge āi zhe yí ge ……

洪吉童：那么热闹啊！你品尝海鲜了没有？

Nàme rènao a! Nǐ pǐncháng hǎixiān le méiyǒu?

王　刚：没有，因为找不到停车位，我们只好走马观花。

Méiyǒu, yīnwèi zhǎo búdào tíngchēwèi, wǒmen zhǐhǎo zǒumǎ guānhuā.

洪吉童：太遗憾了！

Tài yíhàn le!

王　刚：我一定再找机会去那里好好品尝品尝。

Wǒ yídìng zài zhǎo jīhuì qù nàli hǎohāo pǐncháng pǐncháng.

단어

趟 tàng 번, 차례(왕래 횟수 단위)
镜浦 Jìngpǔ 경포(지명)
海边 hǎibiān 해변
安仁津 Ānrénjīn 안인진(지명)
灯明洛伽寺 Dēngmíngluòjiāsì
　　　등명낙가사(사찰명)
正东津 Zhèngdōngjīn 정동진(지명)
沿途 yántú 길을 따르다, 연도
车窗 chēchuāng 차창
两边 liǎngbiān 양쪽
完全 wánquán 완전하다, 완전히, 전혀
景色 jǐngsè 경치, 풍경
一望无际 yí wàng wú jì
　　　일망무제, 끝없이 넓다
挨着 āi zhe 가까이 하여, 연이어

(참고) 一个~一个地过去。
咖啡屋 kāfēiwū 커피숍
好浪漫 hǎo làngmàn 아주 낭만적이다
热闹 rènao 떠들썩거리다,
　　　번화하다, 흥청거리다
极了 jíle 대단히, 아주
大巴 dàbā 버스
私家车 sījiāchē 자가용
来来往往 láiláiwǎngwǎng 왔다갔다하다
品尝 pǐncháng 맛보다
海鲜 hǎixiān 해산물
停车位 tíngchēwèi 주차 자리
只好 zhǐhǎo 하는 수 없이
走马观花 zǒumǎ guānhuā 주마간산,
　　　대강 훑어보다 (참고) 走马看花

1. 수량사 + 挨着 + 수량사

수량이 많음을 표시하기 위해 구어에서는 "수량사 + 挨着 + 수량사"의 구식을
자주 사용한다.

　　左边是一家挨着一家的咖啡屋。
　　(왼쪽은 한집 한집 연이어 커피숍이 있다.)

바꾸기 연습

来看冬奥会的大巴	一辆			一辆。
马路两旁饭馆儿、宾馆	一家		挨着	一家。
首都机场起飞的飞机	一架			一架。
上下班时间路上的行人	一个			一个。

2. 동사(구) + 了₁ + 명사(구)

동태조사 "了₁"은 동사나 동사구 뒤에 바로 놓여 동작이나 변화가 이미 완성
되었음을 나타낸다.

昨天我去了一趟正东津。(어제 나는 정동진에 한 번 갔었다.)

바꾸기 연습

昨天我	买		一辆自行车。
刚才王刚给洪吉童	打	了	一个电话。
沿途你	看到		什么?
我	写完		作业。

3. 了₂

문말 어기조사 "了₂"는 문장 끝에 쓰여서 변화나 새로운 상황이 출현하였음을
나타낸다.

那里完全不一样了。
(거기는 완전히 달라졌다.=현재 완전히 달라져 있다.)

바꾸기 연습

下雨	
夏天	
湖里的水少	了。
周末上网的人比平时多	

4. 只好

"只好"는 다른 방법이 없으며 오직 한 가지만을 선택할 수밖에 없음을 나타

낸다.

因为找不到停车位, 我们只好走马观花。(주차 자리를 찾을 수 없어서 우리들은 하는 수 없이 주마간산 식으로 대강 훑어보았다.)

바꾸기 연습

夜里公交车都下班了,	我们		坐出租车。
他没有电话,	我		给他写信。
食堂里只有韩餐,	我	只好	每天吃那个。
没有钱留学了,	留学生		回国。

연습문제

1. 다음 중국어의 한어병음과 뜻을 적으시오.

    (1) 海边(   )(   )

    (2) 车窗(   )(   )

    (3) 景色(   )(   )

    (4) 海鲜(   )(   )

2. 다음 한어병음의 중국어와 뜻을 적으시오.

    (1) yántú(   )(   )

    (2) yí wàng wú jì(   )(   )

    (3) pǐncháng(   )(   )

    (4) zhǐhǎo(   )(   )

3. 다음 괄호 안에 적당한 중국어를 넣으시오.

    (1) 昨天我去了一(   )正东津。

    (2) 右边是一家(   )着一家的咖啡屋, 好浪漫啊!

    (3) 是啊, 那里完全不一样了, 热闹(   )。

    (4) 因为找不到停车位, 我们(   )走马观花。

4. 본문에 근거하여 다음 물음에 중국어로 답하시오.

    (1) 王刚昨天是怎么去正东津的?

    (2) 王刚和朋友的行车路线是什么?

    (3) 王刚沿途看到了什么景色?

    (4) 为什么王刚认为正东津热闹极了?

정동진 일출을 보다
(看正东津日出)

王　刚: 正东津是什么意思?

Zhèngdōngjīn shì shénme yìsi?

洪吉童: 因为正东津位于首尔光化门正东方向, 所以就有了这个名字。

Yīnwèi Zhèngdōngjīn wèiyú Shǒu'ěr Guānghuàmén zhèngdōng fāngxiàng, suǒyǐ jiù yǒu le zhè ge míngzi.

王　刚: 快看海! 太神奇了! 看那边, 火红的太阳正冉冉升起, 把周围都染上了一层红色, 太美了!

Kuài kàn hǎi! Tài shénqí le! Kàn nàbiān, huǒhóng de tàiyáng zhèng rǎnrǎn shēng qǐ, bǎ zhōuwéi dōu rǎn shàng le yì céng hóng sè, tài měi le!

洪吉童: 就好像大海喷吐出了一颗红色珍珠一样。

Jiù hǎoxiàng dà hǎi pēntǔ chū le yì kē hóng sè zhēnzhū yíyàng.

王　刚: 你刚才边看日出边许下了什么愿望?

Nǐ gāngcái biān kàn rìchū biān xǔ xià le shénme yuànwàng?

洪吉童: 希望我的家人和我身体健康, 万事如意。王刚, 你呢?

Xīwàng wǒ de jiārén hé wǒ shēntǐ jiànkāng, wànshìrúyì. Wáng Gāng, nǐ ne?

王　刚: 哈哈, 我到现在还没有结婚, 我希望快点找到自己的另一半。

Hāhā, wǒ dào xiànzài hái méiyǒu jiéhūn, wǒ xīwàng kuài diǎn zhǎo dào zìjǐ de lìng yíbàn.

洪吉童: 原来你不是单身主义者, 你的理想型是什么样的?

Yuánlái nǐ bú shì dānshēn zhǔyìzhě, nǐ de lǐxiǎngxíng shì shénmeyàng de?

王　　刚: 是个健康并且善解人意的女生就行。
　　　　　Shì gè jiànkāng bìngqiě shàn jiě rén yì de nǚshēng jiù xíng.

洪吉童: 长相呢？不在乎吗？
　　　　　Zhǎngxiàng ne? Bú zàihu ma?

王　　刚: 当然脸蛋漂亮的话就锦上添花啦。
　　　　　Dāngrán liǎndàn piàoliang de hua jiù jǐn shàng tiān huā la.

洪吉童: 王刚你还真贪心，哈哈哈。
　　　　　Wáng Gāng nǐ hái zhēn tānxīn, hāhāhā.

단어

位于 wèiyú ~에 위치하다
光化门 Guānghuàmén 광화문(건물명)
神奇 shénqí 신비롭고 기이하다
火红 huǒhóng 시뻘겋다, 타는 듯 붉다
　　　(참고) 红火
太阳 tàiyáng 해, 태양
冉冉 rǎnrǎn 천천히 움직이는[나아가는] 모양
升起 shēngqǐ 솟아오르다, 떠오르다
染上 rǎnshàng 물들이다
喷吐 pēntǔ 내뿜다, 분사하다
颗 kē 알, 방울(둥근 알맹이를 세는 단위)
珍珠 zhēnzhū 진주
许下 xǔxià 소원을 빌다
愿望 yuànwàng 바람
万事如意 wànshìrúyì 만사여의, 모든 일이 뜻
　　　대로 이루어지다
结婚 jiéhūn 결혼(하다)
另一半 lìng yíbàn 다른 반쪽, 배우자
单身主义者 dānshēn zhǔyìzhě 독신주의자
理想型 lǐxiǎngxíng 이상형
善解 shànjiě 잘 이해하다
人意 rényì 사람의 마음[생각]
长相 zhǎngxiàng 용모
不在乎 bú zàihu
　　　문제 삼지 않다, 대수롭지 않게 여기다
　　　(참고) 不介意, 不在意
脸蛋 liǎndàn 얼굴, 낯
漂亮 piàoliang 아름답다
锦上添花 jǐn shàng tiān huā 금상첨화
贪心 tānxīn 탐욕(스럽다), 욕심이 많다

1. 二와 两

양사 앞, 또는 양사성명사(양사를 필요로 하지 않는 명사) 앞에서는 "两"을 써야 한다.

　"两辆汽车"、"两张报"、"两天"、"两年"

다만 양사 "位"는 "两"과 "二"을 모두 사용 가능하다.

　"二位"、"两位"

12, 22, 32 등의 숫자에서 2는 반드시 "二"을 써야 한다.

　"二十张桌子"、"二十把椅子"、"十二课"、"三十二天"

"二"은 단독으로 사용 가능하나 "两은 안 된다.

　"一、二、三、四~"

정동진 관광열차
(正东津观光列车)

王　　刚：沿着海岸坐车看海，真是不错的旅行！
　　　　　Yán zhe hǎi'àn zuò chē kàn hǎi, zhēn shì búcuò de lǚxíng!

洪吉童：这种观光列车从江陵到三陟往返58千米。
　　　　　Zhè zhǒng guānguāng lièchē cóng Jiānglíng dào Sānzhì wǎngfǎn wǔshíbā qiānmǐ.

王　　刚：途中可以随便上、下车吗？
　　　　　Túzhōng kěyǐ suíbiàn shàng、xià chē ma?

洪吉童：可以。只要赶得上下一趟车，什么时候上车都行。
　　　　　Kěyǐ. Zhǐyào gǎndeshàng xià yí tàng chē, shénme shíhou shàng chē dōu xíng.

王　　刚：快把途中好看的地方推荐一下吧！
　　　　　Kuài bǎ túzhōng hǎokàn de dìfang tuījiàn yíxià ba!

洪吉童：好啊！正东津站下车，可以游览电视剧≪沙漏≫的拍摄地；湫
　　　　　岩站下车，可以观赏烛台岩石。
　　　　　Hǎo a! Zhèngdōngjīn zhàn xiàchē, kěyǐ yóulǎn diànshìjù≪Shālòu≫de pāishè dì; Qiūyán
　　　　　zhàn xià chē, kěyǐ guānshǎng Zhútái yánshí.

王　　刚：烛台岩石的形状像烛台吗？
　　　　　Zhútái yánshí de xíngzhuàng xiàng zhútái ma?

洪吉童：湫岩海边有各式各样的奇怪岩石，其中有一根笔直地朝向天
　　　　　空，那就是烛台岩石。
　　　　　Qiūyán hǎibiān yǒu gèshìgèyàng de qíguài yánshí, qízhōng yǒu yì gēn bǐzhí de cháo
　　　　　xiàng tiānkōng, nà jiù shì Zhútái yánshí.

王　　刚：韩国人都知道吗？

Hánguó rén dōu zhīdào ma?

洪吉童：当然。因为韩国电视台的开台曲和结束曲≪爱国歌≫MV中就有烛台岩石的画面。

Dāngrán. Yīnwèi Hánguó diànshìtái de kāitáiqǔ hé jiéshùqǔ ≪Àiguó gē≫ MV zhōng jiù yǒu Zhútái yánshí de huàmiàn.

王　　刚：那也是韩国代表性的旅游胜地了，我也想快点去看看呢。

Nà yě shì Hánguó dàibiǎoxìng de lǚyóu shèngdì le, wǒ yě xiǎng kuàidiǎn qù kànkan.

洪吉童：说不定烛台岩石上正站着一只海鸥，在欢迎你呢，哈哈。

Shuōbudìng Zhútái yánshí shang zhèng zhàn zhe yì zhī hǎi'ōu, zài huānyíng nǐ ne! Hāhā.

王　　刚：哈哈。

Hāhā.

단어

三陟 Sānzhì 삼척(지명)

观光列车 guānguāng lièchē 관광열차

值得 zhídé ~할 가치가 있다

途中 túzhōng 도중

只要 zhǐyào 오직 ~하기만 하면

赶得上 gǎn de shàng

　　　　따라 잡을 수 있다, 시간에 댈 수 있다

下一趟 xià yí tàng 다음 번

推荐 tuījiàn 추천하다

湫岩 Qiūyán 추암(삼척의 지명)

烛台岩石 Zhútái yánshí 촛대바위(관광명소)

形状 xíngzhuàng 모습, 형상

笔直 bǐzhí 매우 곧다, 똑바르다

朝向 cháoxiàng ~로 향하여

天空 tiānkōng 하늘

≪爱国歌≫ Àiguó gē ≪애국가≫(한국 국가)

MV　 Music Video(음악 영상의 총칭, MTV보다

　　　 범위가 더 넓음)

结束 jiéshù 끝내다, 끝나다

画面 huàmiàn 화면

代表性 dàibiǎoxìng 대표적이다

说不定 shuōbudìng

　　　　아마 ~일 것이다, ~일지도 모른다

只 zhī 마리(새 등을 세는 단위)

海鸥 hǎi'ōu 갈매기

보충 학습

1. 咱们

듣는 사람을 포함하는 우리를 가리킨다. 그에 비해 "我们"은 듣는 사람을 포함하지 않아도 된다.

(1) 老马来了，咱们(我们)去看看他。
(2) 他们出发了，咱们(我们)也走吧。
(3) 今天我们学习第六课，你们呢?
(4) 明天晚上我们开会，你们别来了。

2. 正好

"딱 맞다(合适)"의 뜻을 나타낸다. 시간적으로 빠르지도 늦지도 않고, 크기가 크지도 작지도 않고, 수량이 많지도 적지도 않고, 정도가 높지도 낮지도 않다는 뜻. 문장에서 흔히 부사어, 술어, 또는 정도보어로 사용된다.

(1) 这双鞋怎么样? – 这双正好。
(2) 你来得正好，我正想打电话找你呢。

정동진행 기차표 사기
(购买正东津行火车票)

王　刚: 你好，我想去正东津，火车正常什么时候开?

Nǐ hǎo, wǒ xiǎng qù Zhèngdōngjīn, huǒchē zhèngcháng shénme shíhou kāi?

售票员: 每隔1小时一趟。你想什么时候出发?

Měi gé yì xǎoshí yí tàng. Nǐ xiǎng shénme shíhou chūfā?

王　刚: 越快越好。

Yuè kuài yuè hǎo.

售票员: 现在最早出发的火车是下午1点。

Xiànzài zuì zǎo chūfā de huǒchē shì xiàwǔ yì diǎn.

王　刚: 多少钱一张?

Duōshao qián yì zhāng?

售票员: 2600元。

Liǎngqiānliùbǎi yuán.

王　刚: 给我两张1点出发的火车票吧。

Gěi wǒ liǎng zhāng yì diǎn chūfā de huǒchē piào ba.

售票员: 给你，祝你旅行愉快。

Gěi nǐ, zhù nǐ lǚxíng yúkuài.

王　刚: 谢谢。

Xièxie.

단어

正常 zhèngcháng 정상(적)이다
售票员 shòupiàoyuán 표 판매원
隔 gé 사이에 두다, 떨어져 있다
出发 chūfā 출발하다

越~越~ yuè~yuè~ ~할수록 더욱 ~하다
最早 zuìzǎo 가장 이르다
祝 zhù 축원하다, 축하하다
旅行 lǚxíng 여행(하다)

보충 학습

1. 越A越B

정도상 B가 A의 증가를 따라서 더 증가함을 표시한다. A와 B의 주어는 같을 수도, 다를 수도 있다.

(1) 他的汉语越说越好了。
(2) 大家越讨论，问题就越清楚。

2. 非~不可

"非"와 "不"는 모두 부정사로서 "非~不可"는 "반드시 그렇게 해야만 한다(一定要这样)"는 뜻이다. 강하고 단호한 어감을 수반하고 있다. 유사한 구식으로는 "非~不行", "非~不成" 등이 있다.

(1) 要学好一种语言，非努力不可。
(2) 咱们非得把这件事搞清楚不可。

大关岭博物馆

제13과

대관령박물관

주문진항

허난설헌과
허균의 생가

진고개

강릉동계올림픽센터

경포호수

소금강

강릉임영관 객사문

강릉임영관 칠사당

상원사

강릉단오장터
강릉단오제본부

비로봉

대관령옛길

대관령박물관

선자령

하슬라
아트월드

대관령
양떼목장

제왕산

정동진역

월정사 전나무숲길

강릉국사성황당

촛대 바위

추암역

제13과

대관령박물관
(大关岭博物馆)

王　刚: 洪吉童，江陵有没有博物馆呢？
Hóng Jítóng, Jiānglíng yǒu méiyǒu bówùguǎn ne?

洪吉童: 怎么？你对博物馆也有兴趣？
Zěnme? Nǐ duì bówùguǎn yě yǒu xìngqù?

王　刚: 是的，参观旅游地的博物馆，是我的一大爱好。
Shì de, cānguān lǚyóu dì de bówùguǎn, shì wǒ de yí dà àihào.

洪吉童: 雅兴！雅兴！
Yǎxìng! Yǎxìng!

王　刚: 你别开玩笑了，快给我介绍一下吧！
Nǐ bié kāi wánxiào le. kuài gěi wǒ jièshào yíxià ba!

洪吉童: 江陵有一家私立博物馆，名叫大关岭博物馆。
Jiānglíng yǒu yì jiā sīlì bówùguǎn, míng jiào Dàguānlǐng bówùguǎn.

王　刚: 是谁这么大方，把自己的宝贝拿出来给大家分享？
Shì shéi zhème dàfang, bǎ zìjǐ de bǎobèi ná chūlai gěi dàjiā fēnxiǎng?

洪吉童: 是一位叫洪贵淑的女士。
Shì yí wèi jiào Hóng Guìshū de nǚshì.

王　刚: 真不简单啊！馆里展示着哪些古董？
Zhēn bù jiǎndān a! Guǎn li zhǎnshì zhe nǎxiē gǔdǒng?

洪吉童: 主要有土器、青瓷、白瓷、木刻人形等。

Zhǔyào yǒu tǔqì, qīngcí, báicí, mùkè rénxíng děng.

王　刚：都是什么时代的？

Dōu shì shénme shídài de?

洪吉童：先史时代的、新罗时代的、高丽时代的和朝鲜时代的都有。

Xiānshǐ shídài de, Xīnluó shídài de, Gāolí shídài de hé Cháoxiān shídài de dōu yǒu.

王　刚：是吗？我对木刻人形尤其感兴趣，很想去看一看！

Shì ma? Wǒ duì mùkè rénxíng yóuqí gǎn xìngqù, hěn xiǎng qù kànyikan!

洪吉童：那我们这就去吧！

Nà wǒmen zhè jiù qù ba!

王　刚：太好啦！走吧！

Tài hǎo la! Zǒu ba!

단어

参观 cānguān 둘러보다, 견학하다, 참관하다
旅游地 lǚyóu dì 여행지
爱好 àihào 취미
雅兴 yǎxìng 고아한 흥취, 흥미가 우아하다
别 bié ~하지 마라
开玩笑 kāi wánxiào 농담하다
大方 dàfang 시원스럽다, 대범하다
宝贝 bǎobèi 보물, 귀염둥이
拿出来 ná chūlai 꺼내다
分享 fēnxiǎng 기쁨[행복]을 함께 나누다
洪贵淑 Hóng Guìshū 홍귀숙(인명)
女士 nǚshì 여사
展示 zhǎnshì 전시하다

不简单 bù jiǎndān
　　　간단치[쉽지] 않다, 대단하다
古董 gǔdǒng 골동품
主要 zhǔyào 주요하다, 주로
土器 tǔqì 토기
青瓷 qīngcí 청자
白瓷 báicí 백자
木刻人形 mùkè rénxíng 목각인형
先史 xiānshǐ 선사시대
新罗 Xīnluó 신라(한국의 왕조명)
高丽 Gāolí 고려(한국의 왕조명)
朝鲜 Cháoxiān 조선(한국의 왕조명)
尤其 yóuqí 더욱이, 특히

1. 别~了

"别"는 "~하지 마라(不要)"、"불허하다(不准)"의 뜻으로서 "别~了"의 구식은 저지할 때나 또는 위로할 때 사용된다.

你别开玩笑了! (너는 농담하지 마라!)

바꾸기 연습

你		抽烟	
大家都		聊天儿	
你们	别	玩儿	了!
妈妈		生气	

2. 把 + A + 동사 + B

"把 + A + 동사 + B"의 구식은 동작이 "A"를 어떻게 처리[처치]하였으며 그 처리[처치] 결과가 어떠한지를 설명하는데 사용된다. 그리고 "B"는 기타성분으로서 결과보어나 어기조사 "了" 등으로 충당되며 동사 뒤에 반드시 이 기타성분이 출현해야만 비로소 문장으로 성립된다.

谁把自己的宝贝拿出来给大家分享? (누가 자신의 보물을 꺼내서 모든 사람들과 함께 즐거움을 나누겠는가?)

바꾸기 연습

请你		护照	拿出来看一下。
洪吉童		门票	交给王刚了。
你	把	冰激凌	放进冰箱里吧。
老师		车	开回家了。

3. 着

"동사+着"는 동작이나 상태의 지속을 표시한다.

博物馆里展示着哪些古董?
(박물관에서는 어떤 골동품들을 전시하고 있니?)

바꾸기 연습

脸上	戴		一副眼镜。
墙上	挂		几幅画儿。
书上	写	着	他的名字。
屋子里	摆		床、桌子和衣柜。

4. 的

"的"는 단어나 구의 뒤에서 "的"자구를 구성하여 사람이나 사물을 직접 가리키지 않고 "~한 사람[것]"처럼 대신 지칭할 때 사용된다.

先史时代的、新罗时代的、高丽时代的和朝鲜时代的都有。
(선사시대의 것, 신라시대의 것, 고려시대의 것과 조선시대의 것이 모두 있다.)

바꾸기 연습("的"자구를 써서)

候车室里人很多: 有的人回家, 有的人去旅游, 有的人去上学, 等等。
江陵的外国人不少: 中国人、日本人、英国人等都有。
红花儿、黄花儿、白花儿都开了。
喜欢唱歌的人都来了: 有的人唱得好, 有的人唱得不好。

→

候车室里人很多: 回家的、去旅游的、去上学的, 等等。
江陵的外国人不少: 有中国的、日本的、英国的, 等等。
红的、黄的、白的花儿都开了。
喜欢唱歌的人都来了: 唱得好的、唱得不好的都来了。

1. 다음 중국어의 한어병음과 뜻을 적으시오.

(1) 参观(　　　　　)(　　　　　　　)

(2) 雅兴(　　　　　)(　　　　　　　)

(3) 展示(　　　　　)(　　　　　　　)

(4) 古董(　　　　　)(　　　　　　　)

2. 다음 한어병음의 중국어와 뜻을 적으시오.

(1) kāi wánxiào(　　　　　　)(　　　　　　)

(2) bù jiǎndān(　　　　　　)(　　　　　　)

(3) zhǔyào(　　　　　)(　　　　　　)

(4) yóuqí(　　　　　)(　　　　　　)

3. 다음 괄호 안에 적당한 중국어를 넣으시오.

(1) 你(　　　)博物馆也有兴趣?

(2) 把自己的宝贝拿(　　　)给大家分享?

(3) 先史时代的、新罗时代的、高丽时代的和朝鲜时代(　　　)都有。

(4) 我对木刻人形(　　　)感兴趣, 很想去看一看!

4. 본문에 근거하여 다음 물음에 중국어로 답하시오.

(1) 王刚有什么爱好?

(2) 大关岭博物馆是一家什么样的博物馆? 它的主人是谁?

(3) 去大关岭博物馆能看到哪些古董?

(4) 大关岭博物馆收藏的古董都是什么年代的?

보충회화

대관령박물관 소개
(介绍大关岭博物馆)

王　刚： 我访问外国时一般要去老街啦、市场啦、博物馆和美术馆什么的。江陵有哪些博物馆和美术馆？

　　　　Wǒ fǎngwèn wàiguó shí yìbān yào qù lǎo jiē la、shìchǎng la、bówùguǎn hé měishùguǎn shénme de. Jiānglíng yǒu nǎxiē bówùguǎn hé měishùguǎn?

洪吉童： 江陵代表性的博物馆是大关岭博物馆和真音留声机博物馆；著名的美术馆是江陵市立美术馆。

　　　　Jiānglíng dàibiǎoxìng de bówùguǎn shì Dàguānlíng bówùguǎn hé Zhēnyīn liúshēngjī bówùguǎn; Zhùmíng de měishùguǎn shì Jiānglíng shìlì měishùguǎn.

王　刚： 大关岭博物馆是市立博物馆吗？

　　　　Dàguānlíng bówùguǎn shì shìlì bówùguǎn ma?

洪吉童： 不是，是私立的。洪贵淑捐出了一生积攒的旧物，于1993年5月15日建立了这个博物馆。

　　　　Búshì, shì sīlì de. Hóng Guìshū juān chū le yìshēng jīzǎn de jiù wù, yú yìjiǔjiǔsān nián wǔ yuè shíwǔ rì jiànlì le zhè ge bówùguǎn.

王　刚： 大关岭博物馆里主要有哪些旧物？

　　　　Dàguānlíng bówùguǎn li zhǔyào yǒu nǎxiē jiù wù?

洪吉童： 主要有一些土器、青瓷、白磁等。

　　　　Zhǔyào yǒu yìxiē tǔqì、qīngcí、báicí děng.

王　刚： 因为是个人建立的博物馆，所以需要入场费吧？

　　　　Yīnwèi shì gèrén jiànlì de bówùguǎn, suǒyǐ xūyào rùchǎngfèi ba?

洪吉童： 是，入场费有点儿贵。

Shì, rùchǎngfèi yǒudiǎnr guì.

王　　刚： 即使贵，人们也经常来吗？

Jíshǐ guì, rénmen yě jīngcháng lái ma?

洪吉童： 对，因为附近还有帝王山、仙子岭、大关岭旧路等步行的好地方。

Duì, yīnwèi fùjìn hái yǒu Dìwángshān、Xiānzǐlǐng、Dàguānlǐng jiùlù děng bùxíng de hǎo dìfang.

王　　刚： 那么说附近还应该有味道不错的餐厅了？

Nàme shuō fùjìn hái yīnggāi yǒu wèidao búcuò de cāntīng le?

洪吉童： 是的，附近有一家味道很好的著名的漆树皮炖鸡店。漆树皮虽然对身体有益，但是有过敏性疾病的人不能吃。

Shì de, fùjìn yǒu yì jiā wèidao hěn hǎo de zhùmíng de qīshùpí dùnjī diàn. Qīshùpí suīrán duì shēntǐ yǒu yì, dànshì yǒu guòmǐnxìng jíbìng de rén bù néng chī.

王　　刚： 很有意思的菜啊。我得去尝一下，尝尝味道，顺便确认一下自己有没有过敏性疾病。

Hěn yǒu yìsi de cài a. Wǒ děi qù cháng yíxià, chángchang wèidao, shùnbiàn quèrèn yíxià zìjǐ yǒu méiyǒu guòmǐnxìng jíbìng.

洪吉童： 王刚你很有胆量。患有过敏性疾病的人是极少数，你没有必要担心，而且漆树皮炖鸡对身体有好处，不尝一下会后悔的。

Wáng Gāng nǐ hěn yǒu dǎnliàng. Huàn yǒu guòmǐnxìng jíbìng de rén shì jí shǎoshù, nǐ méiyǒu bìyào dānxīn, érqiě qīshùpí dùn jī duì shēntǐ yǒu hǎochù, bù cháng yíxià huì hòuhuǐ de.

단어

访问 fǎngwèn 방문하다
老街 lǎojiē 전통 거리
真音 Zhēnyīn 참소리(박물관명)
留声机 liúshēngjī 축음기
创建 chuàngjiàn 세우다, 창립하다
捐出 juān chū 기부하다, 바치다
积攒 jīzǎn 조금씩 모으다, 저축하다
旧物 jiùwù 유물
需要 xūyào 필요로 하다
入场费 rùchǎngfèi 입장료
　　(참고) 门票
即使 jíshǐ 설사 ~할지라도
经常 jīngcháng 항상
帝王山 Dìwángshān 제왕산(산명)
仙子岭 Xiānzǐlǐng 선자령(산명)
大关岭旧路 Dàguānlǐng jiùlù 대관령 옛길

步行 bùxíng 걸어가다
味道 wèidao 맛
了解 liǎojiě 이해하다
著名 zhùmíng 유명하다
漆树皮炖鸡店 qīshùpí dùnjī diàn 옻닭집
漆树皮 qīshùpí 옻나무 껍질
有益 yǒuyì 유익하다, 도움이 되다
过敏性疾病 guòmǐnxìng jíbìng 과민성 질병
尝一下 cháng yíxià 한 번 맛보다
顺便 shùnbiàn ~하는 김에
确认 quèrèn 확인(하다)
胆量 dǎnliàng 담력, 용기
极少数 jí shǎoshù 극소수
担心 dānxīn 걱정하다
对~有好处 duì~yǒu hǎochù
　　~에 장점[이익]이 있다

1. 把

동작이 어떤 사물에 대해 처치[처리]를 하였고 그 결과가 발생하였음을 강조하고자 할 때 사용한다.

(1) 劳驾, 把窗户打开吧。
(2) 他们把本子交了。
(3) 你把衣服洗洗。
(4) 咱们把屋子整理一下。
(5) 你把游泳衣带来了吗?

※ 把자문의 구비 조건

1) "把"의 목적어는 술어동사의 수사자[=목적어]이어야 하며 확정적인[확실한] 것이어야 한다.

2) 술어동사는 일반적으로 기타 성분을 수반해야 한다. 예를 들어 동태조사 "了"나 보어, 목적어를 수반하든지 아니면 동사 자체를 중첩시키든지 해야 한다. 어떻게 사물을 처치하였는지 그 결과를 설명해야 하기 때문에 장래 가능성을 표시하는 가능보어를 수반해서는 안 된다.

3) 술어동사는 일반적으로 타동사여야 하며 처치나 지배의 뜻을 지녀야 한다. 때문에 이런 뜻이 없는 "是", "在", "有", "觉得", "知道", "来", "去" 등의 동사는 이 "把"자문에서 사용할 수 없다.

4) 이중목적어를 취하는 동사술어구에서 "把"자문을 자주 사용한다. 직접목적어 앞에 "把"자를 사용하고, 술어동사 뒤에 간접목적어를 사용하며 간접목적어가 일종의 기타성분 역할을 한다.

(1) 把表给我。

(2) 他把那件事告诉我了。

(3) 我把≪旅游天地≫给小王了。

5) "把"자문에서 직접목적어는 "把"의 목적어가 되고 또한 전치사 "给"를 써서 간접목적어를 이끌어내기도 하는데 이 때는 흔히 동사 "拿"、"送"、"交"、"借"、"还"、"介绍"、"寄"、"教" 등과 함께 사용한다.

(1) 请把那双鞋拿给我看看。

(2) 你把这件工艺品送给史密斯吧。

(3) 我已经把信交给李华了。

6) 만약 술어동사 뒤에 보어로서 전치사 "在"와 처소목적어를 수반하여 처치를 받은 사람이나 사물이 어떤 장소에 있음을 표시할 때 반드시 "把"자문을 써야 한다.

(1) 您把姓名和地址填在订书单上吧。

(2) 她把朋友送来的礼物放在桌子上了。

(3) 她把带回来的画挂在墙上了。

附录

부록

주문진항

허난설헌과
허균의 생가

진고개

소금강

강릉동계올림픽센터

경포호수

강릉임영관 객사문

강릉임영관 칠사당

대관령옛길

강릉단오장터
강릉단오제본부

상원사

비로봉

선자령

대관령
양떼목장

대관령박물관

하슬라
아트월드

제왕산

정동진역

월정사

전나무숲길

강릉국사성황당

계
센터

촛대 바위

추암역

중국어 문장성분 여섯 가지와 문장구조

관형어(的) + 주어 + 부사어(地) + 술어 + 보어(得) + 관형어(的) + 목적어

1. 관형어(的)

- ~의/ ~한
- 소유/소속 + 的 + 지시/수량 + 성질 + (的) + 중심어(=주어/목적어)
  我的这两本新英文杂志。(소유 + 的 + 지시 + 수량 + 성질 + 재료)
- 수량사 다음, 관형어 표지 的를 체크하라. 그 뒤가 중심어(=주어/목적어)
  我列出了**一长串**对我来说很重要或是我一直想做却没能做**的事情**。
  我遇见了**一位**多年不见**的朋友**。

2. 주어

- ~가, ~이 (명사化)
- 동사도 주어 가능: **说汉语**很有意思。

3. 부사어(地)

- **시간명사**(刚才, 今天, 现在) + 조동사(能/会/想/要) + **전치사구**(跟/对/从)
  我**明天想跟她一起**去市场买东西。
- 시간명사는 주어 앞 위치 가능
- 전치사 对于/关于/由于는 주어 앞 위치 가능

• 地는 2음절형용사, 동사구, 명사구 등을 부사어로 만듦

• '不'의 어순: **不+술어**

〈예외〉 ① 조동사 앞, ② 比 전치사 앞, ③ 정도보어 앞, '得'의 뒤, ④ 가능보어(부정식)에서 동사 뒤, ⑤ 주술술어에서 작은 술어 앞

• 부사, 즉 都/也/很/常常/已经 등은 대부분 **부사어 위치**에 오되 위치는 고유의 부사적 특징에 따라 해당 부사마다 다르다. 也/都는 맨 앞에 위치.

我们都要去看电影。 / 他跟我们一起去旅游。 / 我能更好地理解自己的生活。

4. 술어

① 동사술어 　　② 형용사술어　　③ 명사술어　　　④ 주술술어

: 我头很疼。 / 我头不疼。　　→ 술어 만나면 밑줄 쫙쫙

5. 보어

• 결과/방향/**정도(得)/가능(得)**/수량
• 정도보어와 가능보어 구별

정도보어: 동사/형용사+**得**+**(很)**+정도보어

※ 부정식: '得' 다음에 '不': 长得很漂亮。 / 长得不漂亮。

가능보어: 동사+**得/不**+결과/방향보어

※ 동사 다음에 '不'가 오면 무조건 가능보어의 부정식: 听得懂/听不懂/看得出來/看不出來

※ 보어 종합

① 电影里的人说得很快, 我没听懂。(정도보어의 긍정, 결과보어의 부정)
② 电影里的人说得很快, 我听不懂。(정도보어의 긍정, 가능보어의 부정)
③ 电影里的人说得不快, 我听懂了。(정도보어의 부정, 결과보어의 긍정)
④ 电影里的人说得不快, 我听得懂。(정도보어의 부정, 가능보어의 긍정)

6. 목적어

· 자동사/이합사는 목적어 못 취함: 从江陵出发/我帮他的忙。

· 이중목적어 동사 외에는 **동작대상을 전치사구** 처리:

　我跟他说今天不去。/ 我告诉他今天不去。

· '在/到 전치사구'가 결과보어 → 목적어는 把자문으로 처리

※ 일반적으로 "보어+목적어" 어순이지만 세 가지 예외적인 상황 존재

　① 정도보어

　　ⓐ 동사+목적어+동사+정도보어 他说汉语说得很好。

　　ⓑ 목적어+동사+정도보어 他汉语说得很好。

　② 방향보어: 장소목적어+来/去 他跑出教室去了。/ 老师走进教室来了。

　③ 수량보어: 인칭대명사목적어+수량보어 我见过他几次。/ 我等了他半个小时。

※ 시간 관련어의 어순: 부사어 또는 보어

　* 특정시각을 나타내는 말 ⇒ 부사어 (예: 今天/1月5日) 我们十二点上课。

　* 지속시간을 나타내는 말 ⇒ 보어 (예: 两天/两个月/两年)

　　我们上十二个小时的课。

※ 동사와 목적어의 관계

자동사(목적어×)	出发/ 旅行/ 旅游/ 结束/ 活/ 病/ 醒/ 休息/ 胜利/ 失败
이합사=동목복합동사 (목적어×)	毕业/ 见面/ 游泳/ 问好/ 结婚/ 帮忙/ 洗澡/ 睡觉/ 道歉/ 上课/ 请假/ 生气/ 点头/ 散步/ 握手/ 聊天/ 谈话
동사+장소목적어	去+장소/在+장소/到+장소/参观+장소(cf: 访问+사람)
동사+이중목적어	给/ 问/ 还/ 送/ 寄/ 教/ 叫
동사+동목구목적어	希望/喜欢, 妈妈希望我当记者, 我喜欢听音乐。开始上课。 准备出国。

※ 동사의 특징

동작의 지속성이 없는 동사 (심리지각동사)	知道/喜欢, 挂/放, 來/去/到
동사+在 전치사구	挂在/放在/站在/坐在/生在/躺在/住在/活在/记在
동사+到 전치사구	寄到/送到/回到
형용사(+목적어×)	抱歉(不好意思)/男/女/合适/满意/坏/湿

※ 중국어의 품사

품사명	어휘의 예
명사	(일반) 妈妈/教室; (방위사) 上/里/前面/上边; (시간) 年/月/日/星期/小时/今天/去年; (장소) 教室/学校/图书馆/家
대명사	(인칭) 我/他们; (의문) 谁/哪/怎么/怎么样/多少/几; (지시) 这/那
동사	(동작/행위) 看/谈/走; (판단/상태) 是/有/姓; (심리지각) 知道/觉得/希望/主张/看见/听见; (방향)上/回/过/起; (명령) 使/叫/请
조동사	(가능) 能/会/可以; (당위/필요) 应该/得/要; (의지/희망) 要/想/愿意
형용사	(사람/사물의 성질) 好/冷/对; (동작/행위의 상태) 快/紧张/认真/流利
부사	(부정) 不/没; (시간) 正/正在/刚/常常/已经/就/才; (정도) 很/太/更/最; (범위) 都/只; (빈도) 又/再/还/也; (어기) 倒/到底/千万/难道
수사	(정수) 一/百/千; (서수) 第一; (어림수) 多, 来, 左右; (분수) 百分之三十; (소수) 五点五
양사	(수량/명량) 个/本/件; (동량) 遍/次/下儿; (시량) 两个月/两分钟
전치사	(시간/장소/출발점) 在/从/离; (방향) 向; (대상) 对/跟/给; (목적/원인) 为; (행동 주체/객체) 把/被/让/叫; (배제/추가) 除了~以外
접속사	(병렬) 和; (선택) 或者/还是; (전환) 虽然~但是; (가정) 如果/要是; (인과) 因为~所以; (점층) 不但~而且; (목적) 为了
조사	(구조) 的/地/得; (동태) 완성 '了' / 지속 '着' / 경험 '过'; (어기) 의문 '吗' / 의문·진행 '呢' / 명령·의문 '吧' / 변화발생 '了' / 강조 '的'

동계올림픽 경기 종목

竞赛项目 경기종목	比赛项目 총 15개 종목	小项 세부종목
	速度滑冰 스피드 스케이팅	남자 경기: 500m, 1,000m, 1,500m, 5,000m, 10,000m, 스피드 스케이팅 남자 팀 추월 및 매스스타트 여자 경기: 500m, 1,000m, 1,500m, 3,000m, 5,000m, 스피드 스케이팅 여자 팀 추월 및 매스스타트
滑冰 스케이팅	花样滑冰 피겨 스케이팅	남자 싱글, 여자 싱글, 아이스댄스, 페어, 팀경기
冰上竞赛 빙상경기	短跑道速度滑冰 쇼트트랙 스피드스케이팅	남자 경기: 개인종목(500m, 1,000m, 1,500m), 단체종목(쇼트트랙 남자 계주 5,000m) 여자 경기: 개인종목(500m, 1,000m, 1,500m), 단체종목(쇼트트랙 여자 계주 3,000m)
冰球 아이스하키	冰球 아이스하키	남자, 여자
冰壶 컬링	冰壶 컬링	남녀 경기, 남녀 혼성
雪上竞赛 설상경기	高山滑雪 알파인스키	활강, 슈퍼대회전, 대회전, 회전, 알파인복합
	滑雪 스키	越野滑雪 크로스컨트리	개인경기, 스키애슬론, 스프린트, 팀 스프린트, 단체 출발, 계주

	跳台滑雪 스키점프	노멀힐 개인, 라지힐 개인/팀
	北欧两项 노르딕복합	스키점프 노멀힐 개인+크로스컨트리 스키, 스키점프라지힐 개인+ 크로스컨트리 스키(개인경기, 팀경기)
	自由式滑雪 프리스타일스키	모글, 에어리얼, 스키 크로스, 스키 하프파이프
	滑板滑雪 스노보드	평행대회전, 하프파이프, 스노보드 크로스, 빅 에어, 슬로프 스타일
现代冬季 两项 바이애슬론	现代冬季两项 바이애슬론	개인. 스프린트, 추적, 단체 출발, 계주, 혼성 계주
	雪车 봅슬레이	남자 2인승, 남자 4인승, 여자 2인승
雪车 봅슬레이	俯式冰撬 스켈레톤	남자 경기, 여자 경기
雪撬 루지	雪撬 루지	남자 싱글, 여자 싱글, 더블, 팀 계주

단어

冬奥会 dòngàohuì 동계올림픽
比赛项目 bǐsàixiàngmù 경기종목
冰上竞赛 bīngshàngjìngsài 빙상경기
雪上竞赛 xuěshàngjiāshuāng 설상경기
滑冰 huábīng 스케이팅
速度滑冰 sùdùhuábīng 스피트 스케이팅
花样滑冰 huāyànghuábīng 피겨 스케이팅
短跑道速度滑冰 duǎnpǎodàosùhuábīng
　　쇼트트랙 스피드스케이팅
冰球 bīngqiú 아이스하키
冰壶 bīnghú 컬링
滑雪 huáxuě 스키

高山滑雪 gāoshānhuáxuě 알파인스키
越野滑雪 yuèyěhuáxuě 크로스컨트리
跳台滑雪 tiàotáihuáxuě 스키점프
北欧两项 běiōu 노르딕복합
自由式滑雪 zìyóushìhuáxuě 프리스타일스키
滑板滑雪 huábǎnhuáxuě 스노보드
现代冬季两项 xiàndàidōngjìliǎngxiàng
　　바이애슬론
雪车 xuěchē 봅슬레이
俯式冰撬 fǔshìbīngqiào 스켈레톤
雪撬 xuěqiāo 루지

회화와 보충회화 번역

제1과 강릉과 2018 평창동계올림픽(江陵与2018平昌冬奥会)

〈회화〉

홍길동: 왕강, 한국에 오신 것을 환영합니다.
　　　　　이번 여행에서 당신은 어떤 계획을 가지고 있나요?

왕　강: 저의 여행 노선은 이렇습니다. 한양성곽을 갔다가 서울 남산에 가서 서울
　　　　의 야경을 감상합니다. 전주 한옥마을에 가서 전주비빔밥을 맛봅니다. 부
　　　　산에 가서는 국제영화제를 구경합니다.

홍길동: 어째서 제 고향에 좀 놀러 가보시지 않나요?

왕　강: 당신의 고향은 어디인데요?

홍길동: 바로 강릉입니다. 그곳은 강원도 동해안 가에 있습니다.

왕　강: 당신의 고향인 강릉은 어떤 재미난 곳들이 있습니까?

홍길동: 재미난 곳들이 아주 많지요. 강릉은 한국에서 손꼽히는 산 좋고 물 맑은
　　　　해안가 도시입니다. 그곳은 1년 사계절 내내 돌아다니며 즐길 수 있지요.
　　　　봄의 벚꽃축제 때는 벚꽃이 만발하구요, 여름의 경포 해수욕장은 하늘이
　　　　파랗고 바다가 푸르지요, 가을의 대관령, 오대산과 소금강은 온 산에 단
　　　　풍이 가득하구요, 겨울의 용평 스키장은 현대적이면서 또한 신이 나게
　　　　하지요.

왕　강: 당신의 고향은 정말 재미난 곳이로군요!

홍길동: 당연하지요. 또 있습니다.

2018년 동계올림픽 경기장이 강릉에도 또 있답니다.

왕　강: 예? 2018년 동계올림픽은 평창에서 개최되는 것 아닌가요?

홍길동: 맞습니다.

스키, 봅슬레이, 루지, 바이애슬론 등의 설상경기 종목은 모두 평창에서 개최되지만 빙상경기종목은 모두 강릉올림픽센터에서 개최됩니다.

왕　강: 강릉은 평창에서 먼가요? 어떤가요?

홍길동: 멀지 않아요, 차를 타고 대략 30분쯤 걸려요.

왕　강: 그렇습니까? 그럼 저는 이번에 반드시 강릉에 좀 놀러 가야겠습니다.

홍길동: 지금 그곳은 때마침 벚꽃축제가 있으니 당신은 경포대에 올라가서 벚꽃거리를 내려다보세요. 아니면 해변 커피숍에 가서 좀 앉아서 진한 커피 향기를 맡으면서 끝없이 펼쳐진 동해를 멀리 바라보노라면 틀림없이 마음이 트이고 기분이 유쾌해질 겁니다.

왕　강: 당신이 저에게 이렇게 아름다운 강릉을 소개해주셨으니 정말이지 너무 감사합니다. 중국에 유명한 시구가 있어요. "세상에 친구가 있으면 아무리 먼 곳에 있어도 이웃과 같다." 홍길동씨, 당신처럼 이렇게 좋은 한국 친구가 있으니 제가 방금 한국에 도착했지만 또한 한국을 아주 잘 알고 친근한 것처럼 여겨집니다.

〈보충회화〉

왕　강: 강릉에는 가볼 만한 재미난 곳이 있습니까?

홍길동: 강릉은 역사가 유구한 도시로서 가볼 만한 아주 많은 곳들이 있습니다.

왕　강: 어떤 역사 문화유산들이 있나요?

홍길동: 고려 시대 중앙 조정에서 파견한 관리들에게 묵을 곳으로 제공되던 임영관이 있고, 신사임당과 이율곡이 일생을 살았던 곳인 오죽헌이 있으며 또한 조선 시대 대표적인 전통가옥인 선교장이 있습니다.

왕　강: 박물관 같은 곳도 있습니까?

홍길동: 대관령박물관과 참소리박물관이 있습니다. 에디슨이 발명한 축음기가 바로 참소리박물관 안에 전시되어 있지요.

그곳에는 또한 다른 축음기들도 있는데 그 숫자가 헤아릴 수 없을 정도로 많아서 한 번 가볼 만한 곳입니다.

왕　강: 이밖에도 강릉에는 어떤 맛있는 먹거리들이 있습니까?

홍길동: 강릉의 막국수와 닭갈비는 아주 유명합니다. 신선한 생선회는 더욱 유명하구요.

왕　강: 몸을 좀 움직이면서 놀며 즐길 수 있는 활동들로는 어떤 것들이 있나요?

홍길동: 당신이 등산을 좋아한다면 저는 선자령과 대관령 옛길 및 제왕산 등의 산들을 추천하겠어요. 당신이 바다를 좋아한다면 주문진에 가서 스킨 스쿠버를 할 수 있어요.

왕　강: 강릉은 사투리가 심하지 않나요? 표준어를 얘기하면 소통할 수 있나요?

홍길동: 비록 강릉에 사투리가 있다고는 하지만 그러나 표준어를 사용하여 사람들과 교류하는 것은 아무런 문제가 없어요. 물론 틀림없이 완전히 못 알아듣는 사투리도 있긴 하지만요.

왕　강: 당신은 예를 하나 들어줄 수 있어요?

홍길동: 강릉 사투리 중에 "마카오우"란 말이 있어요. "다들 모두 오세요"란 뜻인데 강릉 사투리를 모른다면 알아들을 수 없는 말이지요.

왕　강: 강릉에 갈 기회가 있다면 강릉 사투리를 몇 마디 배워야 하겠어요. 나는 지금부터 벌써 흥분되기 시작했어요.

홍길동: 언제든지 환영합니다. 제가 당신의 관광안내원을 해드릴 수 있어요.

제2과 강릉단오제(江陵端午祭) 1

〈회화〉

왕　강: 강릉시는 매년마다 대규모의 문화 경축행사를 개최하지요, 그렇죠?

홍길동: 그렇습니다. 이 행사가 바로 강릉 단오제이지요.

왕　강: 매년 언제 개최하나요?

홍길동: 음력 5월 5일 전후에요.

왕　강: 강릉 단오제는 어떤 행사들이 들어가 있나요?

홍길동: 그것은 주로 제사와 연극 공연 및 오락 등의 행사들을 포함하고 있지요.

왕　강: 이 행사는 몇 년도부터 실시되었나요?

홍길동: 그것의 역사는 정말 길지요. 대략 1천 년 전부터 시작되었어요.

왕　강: 한차례 행사를 하는 기간은 얼마 동안 지속이 되나요?

홍길동: 대략 30여 일 동안요.

왕　강: 강릉에 단오제 행사를 구경하러 오는 여행자들은 많이 있나요?

홍길동: 정말 많아요. 매년 국내외 여행객들이 1백만 명 만큼이나 될 수 있을 정도 예요.

왕　강: 보아 하니 강릉 단오제의 국제지명도는 아주 높은가 봅니다.

홍길동: 그렇습니다. 그것은 2005년에 벌써 유네스코에 의해 인류무형문화유산으로 지정되었어요.

왕　강: 정말 대단합니다. 저는 반드시 좀 보러 가겠습니다.

〈보충회화 1〉

왕　강: 듣자하니 강릉단오제가 인류구전 및 무형유산으로 선정되었다고 하던데 누가 언제 지정한 것인가요?

홍길동: 유네스코가 2005년 11월 25일 지정하였습니다.
　　　　1967년에 이미 그것은 한국의 13호 중요무형문화유산 및 중요무형문물로 지정되었지요.

왕　강: 정말 대단하네요. 강릉시가 이렇게 중요한 경축 행사를 개최할 수 있으니 당신은 시민으로서 틀림없이 아주 자부심을 느끼겠어요?

홍길동: 그럼 당연하지요. 강릉 단오제는 강릉 문화의 표상이기도 하고 또한 한국 민족정신의 상징이기도 하지요. 저는 한화 지폐 위에 신사임당 모자의 초상이 인쇄되어 있는 것과 마찬가지로 이 일에 대해 자부심을 느끼고 있습니다.

왕　강: 강릉 단오제는 언제 개최되나요?

홍길동: 매년 음력 5월 5일 전후에요. 대략 30여 일 동안 지속됩니다.

왕　강: 매년마다 아주 많은 사람들이 구경하러 옵니까?

홍길동: 그렇습니다. 매년 국내외에서 온 관광객들이 백만 여 명에 이를 정도지요.

〈보충회화 2〉

왕　강: 중국의 단오절에 사람들은 종자를 먹고 웅황주를 마시며 용선 경기를 펼치면서 굴원을 기념합니다. 강릉 단오제에도 이런 민속이 있나요?

홍길동: 없습니다.

왕　강: 그럼 강릉 단오제에는 주로 어떤 행사들이 있나요?

홍길동: 제사와 연극 공연 및 오락 행사들이 있어요.

그 가운데 제사의식은 전통 형식과 내용을 완전하게 보존하여서 강릉 단오제의 핵심 행사가 되고 있지요.

왕　강: 정말 신묘하고 기이하네요. 강릉 단오제는 누구에게 제사 지내나요?

홍길동: 주로 대관령 산신령과 국사 성황에게 제사 지내지요.

이건 강릉 지역 특유의 제사 행사로서 각종 굿과 제사 의식을 거행하고 있지요.

왕　강: 또한 기타 행사가 있나요?

홍길동: 또 아주 많은 행사들이 있지요.

예컨대 굿, 관노가면극, 농악경연, 어린이 농악경연, 학산 오독떼기 노래 등이 있는데, 이것들은 모두 국가나 지역에서 지정한 무형문화유산입니다.

왕　강: 오래된 우아한 맛이 아주 진하네요. 또 무슨 행사들이 있나요?

홍길동: 또한 줄다리기, 씨름, 그네뛰기, 활쏘기, 투호 등의 행사가 있는데 모두 아주 특색이 있지요.

왕　강: 야간에는 행사가 없습니까?

홍길동: 야간에는 불꽃놀이, 단오 연등, 국악 공연, 가야금 병창 등의 행사가 있지요.

왕　강: 저는 대학에서 문학을 공부해서 문학예술에 아주 흥미를 느끼고 있는데 이런 쪽의 행사들은 있나요, 없나요?

홍길동: 문학예술 행사들은 더욱 더 풍부하고 다채롭지요. 예컨대 한시 창작 대회, 향토민요 부르기 대회, 전국 시조 짓기 경연 대회 등이 있어요.

제3과 강릉단오제(江陵端午祭) 2

〈회화〉

왕　강: 마침내 강릉 단오제의 떠들썩한 장터를 직접 좀 볼 수 있게 되었어요.

홍길동: 그렇습니다. 갑시다. 제가 당신을 모시고 열심히 좀 구경 다녀보겠습니다.

왕　강: 감사합니다. 보세요, 여기 아주 많은 사람들이 한창 술을 마시고 있어요. 그들이 마시는 것은 무슨 술인가요?

홍길동: 이건 산신령에게 제사 지내는 데 쓰는 술입니다. 사람들은 그걸 신주라고

부르지요.

왕　강: 저도 좀 맛볼 수 있나요?

홍길동: 당연하지요. 여행자들은 모두 무료로 시음해 볼 수 있어요.

왕　강: 와, 술이 맛있네요.

홍길동: 우리 계속 앞쪽으로 가면서 구경해요.

왕　강: 좋습니다. 보세요, 저쪽에 있는 사람들이 무언가를 보고 있어요. 그런데 저렇게 정신을 집중하여 보고 있네요.

홍길동: 그들은 관노가면극 공연을 구경하고 있습니다.

왕　강: 배우들이 어째서 말도 하지 않고 또한 노래도 하지 않나요?

홍길동: 그렇습니다. 이건 무언 가면극입니다.

왕　강: 극의 대강의 뜻은 무엇인가요?

홍길동: 한 쌍의 연인이 오해로부터 시작하였다가 화해에 이르게 된다는 애정 이야기이지요.

왕　강: 그렇게 재미가 있는 극이라구요? 우리들도 여기서 한 번 감상을 해봐요.

홍길동: 좋습니다.

〈보충회화 1〉

왕　강: 남대천 양쪽에 천막들이 하나씩 연이어 있는데 그것은 무얼 하는 것들인가요?

홍길동: 상점과 음식점입니다. 또 난장이 있는데 난장이란 바로 상품을 거래하는 곳이지요. 여기서는 각양각색의 상품들을 구매할 수 있기도 하고 또한 각종의 맛있는 음식요리들을 먹을 수도 있어서 사람들에게 집에 돌아가는 것도 잊게 한답니다.

왕　강: 저는 기념적인 의미가 있는 자그마한 선물들을 사고 싶은데 무얼 사는 게 좋겠어요?

홍길동: 소도를 사세요. 긴 막대기 위에 목각으로 새가 새겨져 있는 것이지요. 그것은 마을의 수호신이구요, 사람들은 그것을 모시면서 그것이 화재와 가뭄과 질병 등의 재해를 막아줄 수 있을 거라 믿어요.

왕　강: 그런 의의가 있는 민속기념품이로군요. 우리 둘이 한참 동안 돌아다녔더니 저는 목이 말라요. 뭘 좀 마시러 가지요.

홍길동: 좋아요. 당신은 뭘 마시고 싶으세요?

왕 강: 강릉 지역 특유의 음료수가 있나요, 없나요?

홍길동: 이전에는 창포물과 익모초 즙이 있었지만 지금 사람들은 그 대신 막걸리 술을 마셔요. 우리 막걸리 술을 마시지요.

왕 강: 저도 모르는 사이에 지금까지 술을 마시게 되었는데 그러다보니 저녁을 먹을 시간이 없겠어요. 우리 민속체험 행사에 참가하러 가요.

홍길동: 좋아요. 먼저 시원한 콜라를 좀 마시러 갔다가 그런 다음에 또 체험관으로 가지요.

〈보충회화 2〉

왕 강: 직접 체험관에 가서 행사에 참여하니까 꽤 흥분이 되네요.

홍길동: 그래요, 보기만 하고 직접 하지 않으면 깊은 인상을 남겨 놓기가 어렵지요.

왕 강: 우리는 어떤 체험관 행사에 참여할 수 있나요?

홍길동: 민속 체험관, 농악 체험관, 과학 체험관, 다문화 체험관 등이 모두 가능하지요.

왕 강: 다문화 체험관이란 무엇을 말하나요?

홍길동: 바로 한국의 문화와 외국의 문화를 함께 체험하는 곳이지요. 지금 한국인과 결혼한 외국인이 갈수록 많아지고 있어요. 사람들은 다문화체험에 참가하면 이런 외국인들을 더욱 잘 이해할 수 있어요.

왕 강: 그래요, 오직 외국문화를 이해해야만이 비로소 외국인을 이해하고 그들과 화목하게 잘 지낼 수 있게 되지요. 우리 한국 전통 민속을 한 번 체험하러 가요.

홍길동: 좋아요, 그네 뛰러 가요. 만약 11미터 이상 뛰어 오를 수 있으면 결승전에 참가할 수 있는데 듣자하니 또 상품도 탈 수 있다고 해요.

왕 강: 와, 정말 흥분 되네요. 어, 이건 뭐지요?

홍길동: 지게입니다. 이전에 한국인들은 지게로 짐을 등에 졌지요. 왕강씨, 당신도 와서 좀 해보세요.

왕 강: 하하, 좀 힘이 드는데요. 보아하니, 이전의 농민들은 농사일을 하면서 적지 않은 고통을 경험하였겠습니다. 어, 어디선가 사람을 들뜨게 만드는 음악 소리가 전해져 오네요.

홍길동: 농악 체험관에서 전해 오는 것입니다. 우리 좀 보러 가요.

왕 강: 피리, 퉁소, 태평소, 비파, 고금, 얼후, 북, 징 등은 모두 중국의 전통악기인

데 한국은 어떤 전통 악기들이 있습니까?

홍길동: 한국의 전통음악을 농악이라고 해요. 장구, 꽹과리, 징, 북 모두가 전통 농악기지요. 이런 네 가지 악기의 합주를 '사물놀이'라고 부릅니다. 현대 한국 사회에서 사물놀이는 누구나 다 알고 있지요.

왕　강: 꽹과리를 치는 것은 특히나 사람을 흥분시키네요. 북채가 가볍기도 하고 또 박자가 빠르기도 하니 정말이지 유일무이한 악기로군요.

홍길동: 우리 창포물로 머리 감으러 가요. 아주 오래 전 사람들은 바로 이렇게 머리를 감았는데요, 창포물이 머리칼을 매끄럽게 해줄 수 있답니다.

왕　강: 와, 창포물로 머리를 감은 뒤에 정말이지 마음이 트이고 기분이 즐거워지네요. 저는 배가 고파졌어요. 우리 뭘 좀 먹으러 가요.

제4과 강릉단오제(江陵端午祭) 3

〈회화〉

왕　강: 와우, 방금 전의 관노가면극은 정말 훌륭했어요.

홍길동: 그래요. 그렇지만 아직 더욱 많은 특색 있는 행사들이 남아 있어요. 우리 계속 봐요.

왕　강: 어, 저기 아이들이 많이 있는데, 그들은 무얼 하고 있나요? 우리 좀 보러 가요.

홍길동: 여기는 부채 위에 그림을 그리는 체험관입니다.

왕　강: 부채 위에 아무렇게나 그려도 됩니까?

홍길동: 그렇습니다. 괜찮아요. 듣자하니 이러한 부채는 더위를 피하게 해줄 수도 있고 또한 사악한 기운을 피하게 해줄 수도 있다고 해요.

왕　강: 부채가 그렇게 큰 역할을 하고 있네요, 우리도 한 자루 그려봐요.

홍길동: 당신은 정말 잘 그리네요.

왕　강: 별 말씀을요, 저는 당신만큼 잘 그리지 못해요.

홍길동: 당신은 그림 그리는 것을 얼마 동안 배웠어요?

왕　강: 저는 겨우 1년 동안 배웠어요, 그래서 잘 못 그립니다.

홍길동: 당신은 너무 겸손하시군요.

왕　강: 부채에 그림 그리는 것 외에도 또한 더욱 신나게 하는 체험 행사가 있습니까?

홍길동: 저쪽에서 아이들이 그네를 얼마나 높이 뛰고 있는지 한 번 보세요. 어때요? 정말 신이 나지요? 한 번 뛰어보시지 않겠어요?

왕 강: 갑시다. 우리도 잠깐 동안 그네를 뛰러 가요.

〈보충회화〉

홍길동: 여기는 천막을 쳐서 세운 임시 음식점이 아주 많은데요. 음식요리의 가짓수도 매우 풍부해요. 왕강씨, 당신은 어떤 한국음식 먹는 것을 가장 좋아하세요?

왕 강: 한국 음식은 저는 다 좋아합니다.

홍길동: 순대국밥이나 장터국밥은 어떠세요? 이것들은 모두 한국의 일반 국민들이 좋아하는 맛있는 음식입니다.

왕 강: 아주 좋습니다. 파전 1인분과 막걸리 술을 더 시켜요.

홍길동: 왕강씨, 당신이 저보다 더 한국인의 습관을 잘 이해하고 계시군요. 정말 대단합니다. 그럼, 한국인들이 먼저 1차 장소에 가서 밥을 먹고, 다시 2차 장소에 가서는 술을 마시는 습관에 대해서도 당신은 알고 계시지요?

왕 강: 압니다. 그럼 우리도 2차 장소에 가서 맥주를 좀 마셔요. 오늘 저녁은 정말이지 사람으로 하여금 잊기 어렵게 만드는 날이로군요. 제가 초대하겠습니다.

홍길동: 오늘 하루 동안 체험을 하였습니다. 왕강씨, 당신은 한국 문화의 정수를 체험하셨는데, 저로 말씀드리자면 저에게도 또한 오늘이 의의가 매우 큰 날이었습니다. 우리의 건강과 우정을 위해 건배합시다.

제5과 임영관 객사문과 칠사당(临瀛馆的客舍门和七事堂)

〈회화〉

왕 강: 홍길동씨, 이 건축물은 정말 오래되었어요.

홍길동: 이것은 임영관으로 고려 시대의 건축물입니다.

왕 강: 모습을 보니 이것은 완전히 목재로 지은 것이네요, 그렇죠?

홍길동: 그렇습니다. 이것은 우리나라의 대표적인 건축물 가운데 하나입니다.

왕 강: 당시에 왜 이런 건물을 지어야 했던가요?

홍길동: 중앙 조정에서 파견한 관리들에게 숙박을 제공하기 위한 것이었어요.

왕 강: 대문 다락집 위의 편액이 정말 색다르네요.

홍길동: 당신이 말씀하신 게 맞아요. 그건 고려 시대 공민왕이 친필로 서명한 편액입니다.

왕 강: 허, 정말 아름답게 썼어요.

홍길동: 당신 보시기에 객사 정문은 어떻습니까?

왕 강: 아주 완전하게 보존하였어요.

홍길동: 그래요, 객사 정문은 이미 국보 51호로 지정되었지요.

왕 강: 그렇게 중요한 문물이었군요. 우리 여기서 사진 한 장 찍어야겠어요.

홍길동: 우리 둘이 셀카 한 장 찍지요.

왕 강: 좋아요, 자! 하나, 둘! 김치(치에즈!)! 하하!

〈보충회화 1〉

왕 강: 강릉은 마치 장거리 버스 정거장이 두 곳 있는 것 같아요.

홍길동: 맞습니다. 하나는 고속버스 정거장이구요, 또 하나는 시외버스 정거장입니다.

왕 강: 임영관은 어떻게 가나요?

홍길동: 시외버스 정거장 앞에서 302번 시내버스를 타고 가면 됩니다. 왕강씨, 당신은 왜 제일 먼저 임영관을 가고 싶어 하시나요?

왕 강: 저는 한국의 고건축물에 대해 아주 흥미를 느끼고 있어요. 듣자하니 임영관은 고려시대의 객사이고 객사문이 지금까지 여전히 남아있다고 하더군요.

홍길동: 그렇습니다. 임영관은 유일하게 남아 있는 고려 시대의 관청 건물입니다. 대문 다락집 위의 편액 역시 고려 시대 공민왕이 친필로 서명한 것이구요. 왕강씨, 중국의 고궁은 눈부시게 화려한데 그곳은 황제가 거주하던 곳이었지요?

왕 강: 그렇습니다. 한국의 국왕이 거주하던 건축물은 경복궁이지요?

홍길동: 맞아요. 경복궁 이외에도 또한 창덕궁과 창경궁 등이 있지요.

왕 강: 경복궁을 저는 가본 적이 있는데 그것은 아주 한국적 특색을 갖고 있더라구요. 그래서 이번에 제가 강릉의 임영관을 선택한 것입니다. 정말 가서

좀 보고 싶습니다.

<보충회화 2>

왕　강: 임영관 옆의 칠사당은 어떤 곳입니까?

홍길동: 관청에서 정무를 처리하던 곳입니다.

왕　강: 7사란 일곱 가지 일을 가리키는 것인가요?

홍길동: 맞아요. 호적, 농사, 병무, 교육, 세금, 재판, 풍속 등 일곱 가지 정무를 가리
키지요.

왕　강: 아 참 그래 생각났어요, 강릉 단오제를 구경할 때도 칠사당을 거론한 적이
있었어요.

홍길동: 그렇습니다. 단오제에서 술을 빚는데 쓰는 쌀이 바로 이곳 칠사당에서 풀어
놓은 쌀이랍니다.

제6과 오대산 월정사와 상원사(五台山月精寺和上院寺)

<회화>

왕　강: 홍길동씨, 강릉 일대에는 어떤 명산들이 있나요?

홍길동: 이곳은 오대산은 원근 각지에 이름이 알려져 있습니다.

왕　강: 그렇습니까? 중국에도 오대산이 있는데, 이곳의 오대산과 중국의 오대산
은 높이가 똑같나요?

홍길동: 한국의 오대산은 중국만큼 그렇게 높지 않습니다.

왕　강: 얼마나 높은가요?

홍길동: 그것의 최고봉인 비로봉은 해발 1,563미터입니다.

왕　강: 오! 중국의 오대산은 불교 성지인데 이곳의 오대산 역시 불교와 관계가
있나요?

홍길동: 있습니다. 한국의 5대 불교 성산 가운데 하나이지요.

왕　강: 오대산의 풍경은 어떤가요?

홍길동: 풍경이 대단히 아름답습니다. 더욱이 가을의 단풍은 특히나 아름답지요.

왕　강: 유명한 소금강은 바로 이 오대산 일대에 있나요?

홍길동: 맞습니다.

왕　강: 등산하는 한편으로 아름다운 경치를 감상한다면 얼마나 좋겠습니까!

홍길동: 점심 이후에 우리 함께 소금강을 올라가는 게 어떻겠습니까?

왕　강: 좋습니다.

〈보충회화 1〉

왕　강: 오대산 여행 안내책자에서는 전나무 숲이 아주 유명하다고 하더군요.

홍길동: 맞습니다. 아주 많은 사람들이 이곳에 와서 삼림욕을 향유하지요.

왕　강: 전나무 숲은 대략 길이가 얼마나 되는데요?

홍길동: 1킬로미터 전후요.

왕　강: 보세요, 맨발로 걷는 사람이 있어요. 또 전 가족이 함께 걷기도 하는군요.

홍길동: 맞습니다. 흙길을 밟으면서 신선한 공기를 호흡하노라면 몸과 마음이 모두 유쾌하고 즐겁지요.

왕　강: 전나무 숲 끝에 있는 사찰을 봤어요.

홍길동: 그게 바로 월정사입니다. 조계종 제 4교구 본사 중에서 이 절이 규모가 가장 크고 넓은 사찰인 셈이지요.

왕　강: 옆에 또한 물고기 모양의 조각물이 하나 있네요.

홍길동: 그게 목어인데, 그것은 범종, 운판, 법고 등과 합쳐서 불전 사물이라고 불려요. 새벽과 저물 무렵 예불 드릴 때에 사용합니다.

왕　강: 오! 아 참 생각났어요, 월정사라는 이 이름은 유래가 어떻게 되지요?

홍길동: 왜냐하면 이 사찰이 동대 만월산의 정기를 흡수하였기 때문에 사람들이 월정사라고 부른답니다.

왕　강: 앞 대웅전 정 중간에 있는 탑은 무슨 탑인가요?

홍길동: 그것은 8각9층석탑이라고 부르는데, 고려시대 때 지어졌으며 국보 48호로 기록되어 있습니다.

왕　강: 듣자하니 한국의 사찰은 사람들에게 숙박을 제공할 수 있으며, 또한 그 안에서 산사 생활을 체험할 수도 있다고 하던데요.

홍길동: 그렇습니다. 사람들은 그것은 템플 스테이라고 부른답니다. 전국 거의 모든 사찰들이 모두 사람들에게 숙박을 제공할 수 있어요.

왕　강: 오직 불교를 믿는 사람들에게만 숙박을 제공합니까?

홍길동: 그렇지 않습니다. 불교를 믿지 않는 사람도 묵을 수 있으며 또한 그 안에서 밥을 먹을 수도 있지요. 그러나 사찰 음식은 육류를 포함하지 않고 오직 채소만 있습니다. 왕강씨, 당신은 여기서 며칠 묵으면서 산사 생활을 한 번 체험하셔도 좋습니다.

왕　강: 정말 좋네요. 그런데 안타깝게도 오늘 아직 일이 있어서 체험을 할 수가 없네요. 다음번에 다시 올 때는 반드시 체험을 좀 해보러 와야겠어요.

홍길동: 여기에 숙박을 하러 오는 사람이 아주 많기 때문에 그래서 반드시 사전에 미리 예약을 해야 합니다.

왕　강: 오케이! 알았습니다. 그럼 저는 먼저 전화번호를 기록해 놓아야겠네요.

〈보충회화 2〉

왕　강: 중국의 오대산은 문수보살과 관련이 있습니다. 한국의 오대산도 그런가요?

홍길동: 그렇습니다. 특히 오대산의 상원사는 안쪽에 문수동자상이 있습니다. 이건 국보 221호지요.

왕　강: 상원사 안에 어째서 문수동자상이 있을 수 있었을까요?

홍길동: 그건 조선시대의 군왕인 세조와 아주 큰 관련이 있습니다.

왕　강: 조선시대 사람들은 유교를 믿었으니 군왕으로서 세조는 당연히 유교를 믿어야만 했을 텐데요, 그런데 어떻게 불교의 문수보살과 관련을 맺을 수 있었을까요?

홍길동: 당시 세조는 아마 피부병에 감염되었던 것 같아요. 피부병을 치료하기 위해서 그는 상원사에 와서 석가모니 부처에게 기도를 했지요. 어느 하루는 세조가 계곡에 와서 몸을 씻고 있는데 한 동자가 와서는 그를 위해서 등을 씻겨주었어요. 그런데 그 뒤로 세조의 피부병이 점점 낫기 시작했던 거예요. 나중에 알아보니 그 동자는 바로 문수보살이었던 거예요.

왕　강: 오, 세조가 문수보살에 보답하기 위해서 그래서 문수동자상을 조각했던 거로군요.

홍길동: 맞습니다. 바로 그렇습니다.

제7과 소금강(小金剛)

〈회화〉

왕　강: 소금강에 곧 도착하려고 합니다. 당신은 먼저 저에게 이 아름다운 곳을 좀 소개해주시겠어요, 괜찮습니까?

홍길동: 좋습니다.

왕　강: 소금강의 위치는 어디에 있나요?

홍길동: 그것은 오대산 동쪽 산기슭 아래에 있습니다.

왕　강: 그것은 오대산 국립공원입니까?

홍길동: 맞아요, 소금강은 바로 거기에 있어요.

왕　강: 듣자하니 소금강의 경관은 빼어나고 뛰어나다고 하던데, 정말 그만큼 아름답나요?

홍길동: 확실히 그렇습니다. 소금강은 1970년에 이미 한국정부에 의해 명승지 제1호로 지정되었어요.

왕　강: 듣자하니 소금강이란 이 이름은 저명한 학자 이이와 관계가 있다면서요?

홍길동: 그렇습니다. 소금강이란 이 이름은 그의 ≪청학산기≫에서 유래하였지요.

왕　강: 그가 어떻게 말했는데요?

홍길동: 그는 아름다운 소금강이 바로 금강산의 축소판이라고 여겼지요.

왕　강: 하하, 알고 보니 그런 것이로군요.

홍길동: 보세요, 앞쪽이 바로 소금강입니다. 우리 차에서 내릴 준비를 합시다.

왕　강: 알겠습니다.

〈보충회화 1〉

왕　강: 소금강이란 이 이름은 아주 독특해요. 북한에도 금강산이 있지 않나요?

홍길동: 그렇습니다. 금강산은 풍경이 아름답기 때문에 그래서 한반도에서는 특히나 유명하지요. 아마도 소금강의 풍경이 금강산과 아름다움을 겨룰 수는 있지만 그러나 규모가 비교적 작기 때문에 그래서 소금강이이라고 부르게 된 것 같습니다.

왕　강: 소금강은 확실히 아름다운 계곡이지요.

홍길동: 그렇습니다. 우리가 계곡을 따라서 계곡 물소리를 듣는 한편으로 위로 걸어 가노라면 대략 두 시간 전후 만에 만물상에 이를 수 있을 겁니다.

왕 강: 만물상이 계곡의 끝인가요?

홍길동: 예.

왕 강: 계곡 양쪽에 또한 아주 많은 암석들이 있네요.

홍길동: 그렇습니다. 암석 위에 앉아서 좀 먹고 마시고 하는 한편으로 계곡물을 감상하기도 하지요. 실바람이 불어오면 자기 스스로가 마치 신선과 똑같이 변해버린 것 같을 거예요.

왕 강: 확실히 그렇네요. 현대의 생활은 아주 복잡하고 생활 리듬도 아주 빠르지요. 간혹 한 번 이곳에 와서 몸을 좀 단련하는 것도 건강에 아주 이로움을 주겠어요.

홍길동: 그렇습니다. 1년 사계절 동안 다만 강릉 시민뿐만 아니라 전국 각지의 여행 객들이 모두 이곳에 오곤 하지요. 보세요. 주차장 위에 전국 각지에서 온 버스들이 가득 세워져 있어요.

왕 강: 보세요, 계곡 양쪽이 모두 단풍나무예요.

홍길동: 그렇습니다. 가을이 되면 단풍이 계곡을 온통 누렇고 붉은 색으로 물들이곤 하는데, 풍경이 사람을 즐겁게 하지요. 그래서 저는 특히 가을에 소금강의 단풍을 감상하러 가는 것을 좋아한답니다.

왕 강: 이전에 듣자 하니 한국 가을의 단풍이 아주 아름답다고 하던데 이곳 소금 강에 오면 더욱 맘껏 단풍을 누릴 수 있겠어요.

홍길동: 보세요, 길 양쪽에 아주 많은 사람들이 말린 산나물과 약초를 팔고 있어요. 저것들은 모두 직접 산에서 채취한 것입니다. 그것으로 술을 담가서 마실 수 있구요, 밥에 넣어 먹을 수도 있습니다. 이것은 산이 많은 강원도의 특 징 가운데 하나입니다.

〈보충회화 2〉

왕 강: 저는 소금강을 지나서 노인봉 정상에 올라가고 싶습니다.

홍길동: 대략 여섯 시간이 걸리는데 당신은 갈 수 있겠어요?

왕 강: 갈 수 있습니다. 이번에는 결심을 하였어요. 어떻게 해야만 비로소 좀 빨리 소금강에 도착할 수 있나요?

홍길동: 시외버스 정거장에서 303번 시내버스를 타면 대략 한 시간 정도면 도착할

수 있어요.

왕　강: 오대산 정상에 오르는 노선은 소금강 노선 이외에도 또한 그 밖의 다른 노선들이 있나요?

홍길동: 월정사와 상원사의 옆쪽 등산로에서 적멸보궁을 지나서 다시 비로봉에 오르는 것도 가능합니다. 대략 3킬로미터 네 시간 걸리는 노정입니다.

왕　강: 그 등산로는 험준합니까, 험준하지 않습니까?

홍길동: 소금강 노선과 비교해서 이 노선은 그만큼 험준하지 않으며 또한 너무 많은 시간을 들일 필요도 없어서 사람들이 항상 걷는 노선입니다.

왕　강: 또한 그 외의 노선이 있습니까?

홍길동: 또한 진고개에서 노인봉에 이르는 노선 하나가 있는데 그것도 그렇게 험준하지 않고 오직 두세 시간이면 됩니다. 그것은 가장 걷기 쉬운 노선이라서 인기가 최고입니다.

왕　강: 저처럼 평상시에 운동을 아주 적게 하고 또한 여태껏 등산을 하지 않았던 사람이 올라갈 수 있을까요?

홍길동: 충분히 올라갈 수 있지요. 왕강씨, 용기를 내서 한 번 도전해보세요.

왕　강: 현대인에게 심신의 피로를 제거하게 해줄 수 있는 운동은 오직 등산밖에 없지요. 보아하니, 지금부터 저도 등산에 대해 흥미를 일정하게 유지하고 있어야겠어요.

홍길동: 하하, 그럼 저는 이후에 항상 등산의 기회를 만들어보겠습니다.

제8과 허난설헌과 허균 생가(许兰雪轩和许筠的故居)

〈회화〉

홍길동: 왕강씨, 당신은 허난설헌과 허균의 생가에 대해 들어보신 적이 있습니까?

왕　강: 들어본 적이 없습니다. 그것은 어떤 곳인가요?

홍길동: 그곳은 허난설헌과 허균의 출생지인데, 지금은 강릉의 유명한 관광 명소입니다.

왕　강: 허난설헌과 허균은 누구입니까?

홍길동: 그들은 조선 시대의 시인이자 작가인데, 허난설헌이 누나이고 허균이 남동생입니다.

왕　강: 오, 저는 생각이 났어요. 듣자하니, 문학방면에서는 허난설헌이 신사임당보다 더 뛰어난 재능을 지니고 있었다면서요, 그렇습니까?

홍길동: 그렇게 말할 수 있습니다. 허난설헌은 8세 때 벌써 세상 사람들을 놀라게 하는 ≪광한전 백옥루 상량문≫을 지어냈어요.

왕　강: 그렇습니까? 정말 대단합니다. 허균은 어떤 대표작을 갖고 있나요?

홍길동: 그가 쓴 소설 ≪홍길동전≫은 그로 하여금 하룻밤 사이에 유명해지게 만들었지요.

왕　강: 어쩐지 홍길동이란 이 이름이 그렇게 대표성을 갖고 있더라니, 알고 보니 그 이유가 여기에서 나온 것이로군요.

홍길동: 그렇습니다. 어때요? 당신은 그들이 생활하였던 곳을 좀 보고 싶으세요, 보고 싶지 않으세요?

왕　강: 아주 보고 싶습니다. 그들의 생가는 어디에 있나요?

홍길동: 바로 경포호 부근에 있습니다.

왕　강: 그렇게 가까워요? 우리 지금 바로 갑시다.

홍길동: 좋습니다. 가시지요!

〈보충회화 1〉

왕　강: 이곳에 허균과 허난설헌의 출생지라고 쓰여 있는데 그들 둘은 어떤 관계인가요?

홍길동: 남매 관계입니다.

왕　강: 그들의 집을 지금까지 보존하고 있으니, 보아하니 대단히 유명한 큰 인물이겠군요. 그들은 어느 시대의 유명인들인가요?

홍길동: 조선시대의 작가들입니다.

왕　강: 조선시대 사람들은 모두 유교를 믿어서 여성들은 문학창작을 할 수 없었을 텐데 그럼 허난설헌은 어떻게 창작을 할 수 있었나요?

홍길동: 허난설헌은 천재여서 8세 때부터 벌써 ≪광한전 백옥루 상량문≫을 지어냈는데, 그러나 당시 사람들은 결코 그녀의 이름을 알지 못했었죠.

왕　강: 생각한 대로 여성은 남성 사회 속에서 지위가 없었으니까요.

홍길동: 그래요. 그렇지만 허난설헌이 세상을 뜬 뒤에 허균이 그녀의 시 원고를 명나라 사신인 주지번에게 바쳤고, 주지번은 그것을 중국에서 출판을 했어요. 이렇게 되자 허난설헌의 시는 곧 중국에서 전파되기 시작했고, 아주

빠르게 조선에서도 크게 명성을 지니게 되었지요.

왕　강: 그럼 그녀의 생활은 어떠하였나요? 아주 순조로웠죠?

홍길동: 그렇지는 않았습니다. 조선시대 여성의 생활은 남성에 의해서 좌우되는데 이것을 '삼종 사덕'이라고 부르지요. 어렸을 때는 부친을 존중하고 장성한 뒤에는 남편을 존중하고, 나이가 들어서는 또한 아들을 존중해야 한다는 것이지요. 그녀의 시가에서의 생활은 마치 결코 그렇게 좋지는 않았던 것처럼 보여요.

왕　강: 그렇게 말씀하시니 고부간의 관계 역시 좋지는 않았겠습니다.

홍길동: 그렇습니다. 두 아들이 또 그녀보다 먼저 세상을 떠나버렸기에 그녀는 외롭고 고통스러운 심정을 품은 채로 ≪아들을 위해 울다≫는 시를 지었지요.

왕　강: 고대에 중국의 여성은 심지어 반드시 전족까지도 해야 했어요.

홍길동: 옛 사람이 "여자가 재능이 없는 것이야말로 바로 그녀의 덕성이다." "미인박명"이라고 하였는데 이것들은 모두 여성을 구속하고 압박하는 잘못된 관념들입니다.

왕　강: 우리가 사상이 자유로운 21세기에 생활하고 있는 것이 얼마나 행복한 일인지요! 지금은 설사 여자 아이를 낳는다 할지라도 또한 불평등한 대우가 없어요.

홍길동: 그렇습니다. 현대사회는 남녀평등의 사회니까요.

〈보충회화 2〉

왕　강: 허난설헌의 부모와 형제는 모두 누구입니까?

홍길동: 아버지는 허엽, 오빠는 허봉, 허균은 그녀의 남동생입니다.

왕　강: 듣자하니 허난설헌의 시 원고는 허균을 통해서야 비로소 크게 명성을 얻게 되었다고 하던데요. 그렇다면 허균은 어떤 인물이었나요?

홍길동: 허균 역시도 명성이 대단한 작가였지요. 그는 시를 쓰기도 하였고 또한 소설을 쓰기도 하였습니다. 유명한 소설인 ≪홍길동전≫은 바로 그가 쓴 것입니다. 소설이 매우 유명하였기 때문에 그래서 홍길동이란 이름은 한국 남자 이름의 대표가 되었는데, 저의 이름을 홍길동이라고 부르는 것 역시도 이러한 영향을 받은 것이랍니다.

왕　강: 아, 어쩐지 항상 홍길동이란 이 이름을 들곤 하였어요. 그럼 ≪홍길동전≫이란 이 소설에 쓰인 것은 어떤 내용이었나요?

홍길동: 홍길동은 서자 출신인데 그러나 사회가 서자를 인정해주지 않던 관계로 그는 곧 집을 떠나 도적이 되어서는 나쁜 사람들의 돈과 재물을 빼앗아 가난한 일반 백성을 도와주었지요. 그는 나중에 한 섬나라로 가서는 평화적으로 나라 전체를 다스렸다는 내용입니다.

왕 강: 바로 도연명의 ≪도화원기≫에서 묘사한 무릉도원과 마찬가지로 또 다른 세상을 건설한다는 내용이로군요.

홍길동: 그렇게 말할 수 있습니다. 서양에서는 사람들이 그런 세상을 유토피아라고 부르지요.

왕 강: 아, 생각이 났어요. 경포호 주변에 조각상들이 있는데, 듣자하니 모두 ≪홍길동전≫과 관련된 인물이라고 하더군요.

홍길동: 그렇습니다. 근데 그 조각상들 중에 매를 맞고 있는 사람은 누구일까요?

왕 강: 정당하지 못한 수단을 통해서 돈과 재물을 얻은 나쁜 사람이겠지요?

홍길동: 아주 정확하게 맞추었습니다.

제9과 선자령과 대관령 양떼목장(仙子岭和大关岭羊群牧场)

〈회화〉

홍길동: 왕강씨, 소금강을 당신은 오른 적이 있는데 느낌이 어땠습니까?

왕 강: 비록 아주 피곤하기는 했지만 그러나 아주 시원하였습니다. 아주 재미있었어요.

홍길동: 그럼 다시 다른 산을 좀 올라가고 싶으신가요, 어떤가요?

왕 강: 당연히 올라가고 싶지요. 그러나 너무 높은 산은 저는 아마도 올라갈 수 없을 겁니다.

홍길동: 산 하나가 있는데 비록 해발이 비교적 높기는 하지만 그러나 등산로는 비교적 평탄해서 오르기가 아주 쉬워요.

왕 강: 무슨 산인데요?

홍길동: 바로 선자령입니다.

왕 강: 하하, 산에 선녀가 있는가요? 어째서 이렇게 듣기 좋은 이름으로 부를까요?

홍길동: 이름의 유래는 제가 나중에 다시 당신에게 알려줄께요. 당신은 가고 싶은지

어떤지를 우선 저에게 알려주세요.

왕 강: 선자령에는 사람을 끌어당기는 어떤 곳이 있나요?

홍길동: 산 정상에 서 있으면 사면팔방에 있는 여러 산들과 윙윙 돌아가는 큰 풍차 따위를 볼 수 있는데 풍경이 대단히 아름답지요.

왕 강: 듣자하니 또한 아름다운 동해를 볼 수 있다면서요?

홍길동: 틀림없습니다. 만일 날씨가 좋다면 반드시 볼 수 있습니다.

왕 강: 정말 좋네요. 저는 가서 제 눈으로 직접 한 번 보아야겠어요.

홍길동: 그럼 우리 내일 바로 출발합시다.

〈보충회화 1〉

왕 강: 어떤 사람이 강하게 저에게 선자령을 가보라고 추천해주었는데, 선자령은 어디에 있나요?

홍길동: 그것은 바로 강릉에 오려면 반드시 지나가야 하는 곳인 대관령의 옆쪽에 있는 산입니다.

왕 강: 왜 그렇게 많은 사람들이 그곳에 가나요?

홍길동: 선자령의 입구 부분에는 목장 하나가 있는데 어린 아이가 있는 가정에서는 항상 놀러가는 곳입니다. 그곳에서 양에게 먹이를 좀 주면서 양떼를 좀 구경할 수가 있고, 또한 한가롭게 걸으면서 아름다운 대초원을 감상할 수도 있어요.

왕 강: 듣자하니 그 목장은 대단히 유명하다면서요.

홍길동: 맞습니다. 그곳은 바로 대관령 삼양목장인데요. 목장을 걸어 지나가다 보면 아주 빠르게 선자령의 정상에 올라갈 수가 있어요. 산 정상에 서면 주변의 여러 산들이 아주 작아 보일 겁니다.

왕 강: 중국의 격언에서 "험준한 봉우리에서 비로소 끝없이 펼쳐진 경치를 볼 수 있다"고 하였는데 바로 선자령과 같은 그런 경관을 말한 것이로군요.

홍길동: 매우 훌륭한 비유입니다.

〈보충회화 2〉

홍길동: 우리 선자령 정상에 올라가보면 어떻겠습니까?

왕 강: 얼마만큼 높은가요?

홍길동: 선자령의 정상이 1,200미터이긴 하지만, 그렇지만 우리가 지금 서 있는 입구부분이 해발 800미터이니 오직 400미터만 더 오르면 됩니다.

왕　강: 대략 얼마동안의 시간이 걸릴까요?

홍길동: 대략 왕복 네 시간이 걸립니다. 지금부터 다시 조금만 더 올라가면 바로 끝없이 넓은 목장입니다. 그곳의 바람은 매우 세서 그래서 많은 큰 풍차를 세워놓고 풍력을 이용하여 발전을 하고 있지요.

왕　강: 아, 커다란 풍차의 기세가 매우 성대한데요. 마치 유럽의 어느 한 높은 산을 등반한 것과 마찬가지의 느낌입니다.

제10과 하슬라 아트월드(何瑟罗艺术世界)

〈회화〉

왕　강: 강릉은 정말 환경이 아름답고 인재가 계속 나오는 좋은 곳입니다.

홍길동: 당신 말씀이 정말 맞아요.

왕　강: 강릉의 문화 예술적 환경도 틀림없이 아주 특징이 있겠지요?

홍길동: 당신은 어느 방면에 흥미를 느끼시나요?

왕　강: 저는 조각 공예품에 대해 아주 흥미가 있습니다. 만일 조각 예술품을 더 좀 볼 수 있다면 제 마음은 아주 만족하겠어요.

홍길동: 하하, 하슬라 아트월드에는 조각 예술품들이 아주 많이 전시되어 있으니 그곳에 좀 보러 가셔도 좋겠습니다.

왕　강: 하슬라 아트월드요? 아주 듣기 좋은 이름이네요.

홍길동: 하슬라는 고구려 시대 때 강릉의 옛 명칭이지요.

왕　강: 아, 지금 아트월드라고 하는 이름을 사용하였으니 정말 더 이상 적합할 게 없군요.

홍길동: 저도 그렇게 생각하고 있습니다.

왕　강: 그곳에는 어떤 조각 예술품들이 있나요?

홍길동: 사람이나 동물의 조각상들이 있지요.

왕　강: 저는 과장스러운 목조 인형을 아주 좋아하는데 그곳에 있을까요?

홍길동: 있습니다. 사랑스러운 것, 웃기는 것, 다정한 인형들이 모두 있어요. 각종의 다양한 모습들이지요.

왕　강: 정말 좋습니다. 저는 좀 일찍 좀 보러 가야겠어요.

〈보충회화 1〉

왕　강: 하슬라는 무슨 뜻인가요?

홍길동: 고구려 시대 때 강릉의 이름이었습니다.

왕　강: 하슬라 아트월드는 강릉 시내에 있습니까?

홍길동: 아닙니다. 그것은 산 위에 지어져 있어요. 강릉의 안인진을 지나면 바다를 볼 수 있는데요, 다시 해변 도로를 따라 가다가 등명낙가사를 지나면 바로 하슬라 아트월드를 볼 수 있을 겁니다.

왕　강: 그럼 그곳에서도 동해를 내려다 볼 수 있겠군요?

홍길동: 맞습니다. 예술작품을 감상할 수 있기도 하고 또한 파란 바다를 멀리 바라 볼 수도 있으니 천하제일의 비할 데 없이 훌륭한 공원이라고 할 수 있습니다.

왕　강: 하슬라 아트월드라는 이름을 보자마자 그곳이 예술의 세계임을 알겠는데, 그곳에서는 무엇을 볼 수 있나요?

홍길동: 하슬라 아트월드는 두 부분으로 이루어져 있어요. 한 부분은 야외 조각공원 이고, 다른 한 부분은 미술관입니다. 야외조각공원에는 각양각색의 조각상 들이 있구요, 미술관에는 수많은 명화들이 진열되어 있고 또한 인형들도 있어요.

왕　강: 그렇습니까? 저는 좀 빨리 가서 보고 싶군요.

홍길동: 좋습니다. 제가 당신을 데리고 가지요.

〈보충회화 2〉

왕　강: 배가 울퉁불퉁한 저 여인상은 무엇을 상징하고 있나요?

홍길동: 아마도 다산과 풍요를 상징하고 있을 거예요.

왕　강: 지중해나 남미의 여신을 감상하고 있는 것 같은 일종의 느낌이 드네요.

홍길동: 그래요? 저건 전형적인 한국의 여인상은 아닙니다. 전형적인 한국의 여인 상은 하얀 치마를 입고서 머리에는 물 항아리를 이고 있는 모습이지요.

왕　강: 강릉의 전통문화는 비록 풍부하고 다채롭기는 하지만 그러나 여기에 더욱 걸출한 조각 예술 공원이 있으니 마치 한 단계 더 올라간 것 같아요.

홍길동: 그렇게 말할 수 있겠어요. 겨우 전통적인 것들만 있으면 사람들이 쉽게 싫증을 낼 텐데요. 오직 전통과 현대를 서로 결합시켜야만 비로소 문화의 우아한 맛을 더욱 깊이 체험할 수가 있지요.

제11과 정동진역(正东津站) 1

〈회화〉

홍길동: 왕강씨, 서울의 정면으로 동쪽 방향이 어떤 곳인지 당신은 아세요?

왕　강: 저는 들은 적이 있어요. 바로 정동진이지요, 맞지요?

홍길동: 당신은 정말 대단하세요. 이것조차도 알고 계시군요.

왕　강: 알고 있기는 합니다만 그러나 그것이 왜 그렇게 유명한지에 대해서는 모르고 있어요. 당신이 한 번 소개 좀 해주세요.

홍길동: 정동진이 유명해진 원인에는 여러 가지가 있습니다.

왕　강: 어느 여러 가지인가요?

홍길동: 첫 번째 원인은 TV 연속극인 ≪모래시계≫가 바로 여기서 촬영했기 때문인데, 이 TV 연속극이 정동진을 갑자기 번창하도록 만들었지요.

왕　강: 그 외의 원인은요?

홍길동: 또 하나의 원인이 있는데요, 정동진역이 세계에서도 바다에서 가장 가까운 기차역이기 때문입니다. 이미 기네스 세계기록에도 기록되어 있습니다.

왕　강: 정말 대단하군요. 또 다른 원인이 있습니까?

홍길동: 또 있어요. 바로 정면으로 동쪽 방향이라서 일출을 보기에 가장 훌륭한 곳이기 때문입니다. 하하.

왕　강: 오, 또 다른 원인이 있나요, 어떤가요?

홍길동: 또 하나가 더 있어요. 당신은 틀림없이 흥미를 느낄 거예요.

왕　강: 무엇인데요?

홍길동: 바로 이곳에서 가장 신선하고 맛있는 해산물을 먹을 수 있기 때문이랍니다.

〈보충회화 1〉

왕　강: 저는 처음으로 해변에 바짝 붙어 있는 기차역을 보았어요.

홍길동: 이것은 한국의 유일무이한 기차역예요. 그래서 이곳은 영화와 TV 연속극의 촬영지로서도 아주 유명하지요.

왕　강: 이곳에서 어떤 TV 연속극들을 촬영하였나요?

홍길동: 10년 전에 어느 TV 방송국의 연속극인 ≪모래시계≫가 바로 여기서 촬영을 하였지요.

왕　강: 아, 그로부터 사람들은 정동진 기차역을 상세히 알기 시작한 것이로군요. 이 소나무 밑에 설명이 적혀 있는데 바로 그 내용이겠네요?

홍길동: 맞아요, 연속극에 여주인공이 이 소나무 아래서 기차를 기다리고 있던 장면이 있었는데요, 사람들로 하여금 한 번 보면 잊지 못하게 만든답니다.

왕　강: 작은 노점에 모래시계의 모형이 있는데, 저것이 바로 TV 연속극 주제를 상징하는 모래시계입니까?

홍길동: 그렇습니다. 사람들은 ≪모래시계≫라는 이 연속극을 기억하고서 늘상 이곳으로 와서 돌아다니며 즐긴답니다. 이 때문에 상인들은 많은 모래시계 모형을 제작하였고, 뿐만 아니라 또한 호텔, 커피숍과 음식점 등을 세웠지요. 그래서 정동진역은 전국의 모든 사람들이 다 아는 관광명소가 되었을 뿐만 아니라 번화한 역이 되었지요.

왕　강: 그래서 TV연속극, 영화, 애니메이션 등이 모두 특정한 영향력을 지녔다고 말하는 것이로군요. 지금 중국과 동남아 여러 지역에서는 한국의 TV연속극이 유행하고 있는데 연속극에는 사람들로 하여금 부러워하게 만드는 아주 많은 한국 문화가 담겨 있어요.

홍길동: 다행히도 영화와 TV 연속극 등의 영상산업 덕분에 한국문화가 비로소 외국에 전파될 수 있었는데요, 그래서 사람들은 이런 현상을 '한류'라고 부르고 있습니다.

왕　강: 맞아요. 한국인의 응집력은 어떤 다른 나라들보다도 더 강대하고 또한 창조력과 체력이 있어요. 축구 선수들을 좀 보면 이 모든 것들을 금방 이해할 수 있을 거예요. 인삼을 먹어서 그런 것인가요? 하하, 저도 간혹 좀 감탄하곤 합니다.

홍길동: 그렇습니다. 한국은 천연자원이 부족한 국가여서 더욱 잘 생존하기 위해서는 사람들은 오직 응집력과 창조력 및 체력을 통해서 생존을 유지할 수밖

에 없거든요. 최근에 수출이 비교적 활발해진 문화상품들은 한국인의 창조력과 상상력의 산물이라고 할 수 있겠어요.

〈보충회화 2〉

왕　강: 한국인들은 왜 1월 1일에 정동진에 가지요? 그날은 좀 춥지 않나요?

홍길동: 새해가 오기만 하면 한국인들은 바로 바닷가로 일출을 보러 가서는 새로운 한 해의 소망을 빌곤 하지요. 일출을 보는 장소 중에 정동진의 일출은 유달리 아름다워서 그래서 1월 1일에 사람들이 그곳에 간답니다.

왕　강: 다시 말해서 새해의 첫날 새벽에 바로 아주 많은 사람들이 그곳에 모여든다는 것이지요?

홍길동: 그래요, 일출을 보러 가는 사람들은 어깨가 부딪치고 발뒤꿈치가 연이어져서 그야말로 발을 들여놓을 여지조차도 없답니다.

왕　강: 우리도 정동진에 일출을 보러 가요.

홍길동: 좋아요, 그런데 사실을 말하자면 저는 비록 강릉 사람이지만 그러나 여태껏 그곳에서 일출을 본 적이 없답니다.

왕　강: 왜 이렇게 가까운 곳조차도 좀 보러 가지 않았나요?

홍길동: 그래요, 당신 말씀이 맞아요. 저는 20년 전에 대만 아리산에서 일출을 본 적이 있고, 10년 전에는 안휘성 황산의 광명정에서 일출을 본 적이 있어요 그러나 사실을 말하자면 아직 내 자신의 고향에서는 일출을 본 적이 없답니다.

왕　강: 하하, 알고 보니 그랬군요. 사람들은 자기에게서 아주 가까운 곳은 가지 않는데 바로 언제라도 갈 수 있다고 느끼기 때문이랍니다. 북경에서 생활하고 있지만 도리어 이화원에 가본 적이 없는 사람이 아직 아주 많아요. 이 두 가지 경우는 동일한 이치겠지요.

제12과 정동진역(正东津站) 2

〈회화〉

왕　강: 홍길동씨, 어제 저는 정동진에 한 번 갔었답니다.

홍길동: 그래요? 어떤 방식으로 갔는데요?

왕　강: 친구가 차를 운전해서 저를 데리고 갔어요.

홍길동: 정말 좋았겠는데요.

왕　강: 우리는 경포 바닷가에서 출발하여 안목 해변과 안인진 해변, 그리고 등명 낙가사를 지나서 얼마 안돼서 바로 정동진에 도착했어요.

홍길동: 길을 따라 가면서 무엇을 보았나요?

왕　강: 차창 양쪽이 완전히 다른 풍경이었어요. 왼쪽은 일망무제의 바다였고 오른 쪽은 한 집 한 집 연이어 있는 커피숍이었어요. 정말이지 낭만적이었어요.

홍길동: 정동진의 경치는 그것들과 달랐죠?

왕　강: 그래요. 거기는 완전히 달랐어요. 정말 대단히 떠들썩거리더군요.

홍길동: 얼마나 흥청거리던데요?

왕　강: 관광버스와 자가용이 한 대 한 대 연이어 있었고 해산물 상점들이 한 집 한 집 연이어 있었으며 오고 가는 관광객들이 한 사람 한 사람 연이어 있었 지요.

홍길동: 그렇게 떠들썩하였군요. 당신은 해산물을 맛보았나요?

왕　강: 맛보지 못했습니다. 왜냐하면 주차 자리를 찾을 수가 없어서 우리는 하는 수없이 주마간산 격으로 대충 훑어만 보았어요.

홍길동: 정말 유감이네요.

왕　강: 저는 반드시 다시 기회를 내서 그곳에 가서는 해산물을 맛있게 좀 음미해 볼 겁니다.

〈보충회화 1〉

왕　강: 정동진은 어떤 뜻인가요?

홍길동: 정동진은 서울 광화문에서 완전히 동쪽 방향에 위치하고 있기 때문에 그래 서 이런 이름이 생긴 거랍니다.

왕　강: 시뻘건 태양이 천천히 솟아올라 주변을 모두 붉은 색 한 가지로 물들여 놓으니 정말 아름답습니다.

홍길동: 마치 바다가 붉은 진주 한 알을 토해낸 것과 똑같습니다.

왕　강: 당신은 방금 전에 일출을 보는 한편으로 어떤 소망을 빌었나요?

홍길동: 제 가족들과 저의 몸이 건강하고 만사여의하기를 바랐지요.
　　　　왕강씨, 당신은요?

왕　강: 하하, 저는 지금까지도 아직 결혼을 하지 못해서 저 자신의 또 다른 반쪽을 좀 빨리 찾기를 소망했습니다.

홍길동: 알고 보니 당신은 독신주의자가 아니었군요. 당신의 이상형은 어떤 모습입니까?

왕　강: 건강하고 또한 사람의 마음을 잘 이해해주는 여성이면 됩니다.

홍길동: 얼굴은요? 중요하게 여기지 않나요?

왕　강: 당연히 얼굴이 예쁘다면 금상첨화겠지요.

홍길동: 왕강씨, 당신은 아직도 정말로 욕심이 많네요. 하하하.

〈보충회화 2〉

왕　강: 동해안을 따라서 기차를 타고 바다를 바라보는 것은 정말이지 훌륭한 여행이로군요.

홍길동: 이 관광열차는 강릉에서 삼척까지 58킬로미터를 왕복합니다.

왕　강: 도중에 마음대로 기차에 타고 내릴 수 있습니까?

홍길동: 가능합니다. 오직 다음 번 기차의 시간에 맞출 수만 있다면 언제 기차를 타도 모두 괜찮습니다.

왕　강: 얼른 도중의 아름다운 곳들을 좀 추천해주세요.

홍길동: 좋아요. 정동진역에서 내려서 TV 연속극 ≪모래시계≫의 촬영지를 유람할 수 있어요. 추암역에서 내려서는 촛대바위를 감상할 수 있지요.

왕　강: 촛대바위의 형상은 촛대 같이 생겼나요?

홍길동: 추암 해변에는 각양각색의 기괴한 암석들이 있는데요, 그 중에는 붓처럼 곧게 하늘을 향해 있는 바위 하나가 있는데 그것이 바로 촛대바위입니다.

왕　강: 한국인들은 모두 이 바위를 알고 있습니까?

홍길동: 당연하지요. 한국의 TV 방송국에서 시작곡과 끝나는 곡으로 들려주는 ≪애국가≫ 음악 영상 중에 바로 촛대바위의 화면이 있기 때문입니다.

왕　강: 그곳은 또한 한국의 대표적인 관광명소이겠어요. 저도 좀 빨리 가서 좀 보고 싶네요.

홍길동: 아마 촛대 바위 위에 바다 갈매기 한 마리가 앉은 채로 당신을 환영하고 있을지도 몰라요. 하하.

왕　강: 하하.

〈보충회화 3〉

왕　강: 안녕하세요? 저는 정동진에 가고 싶은데 기차가 정상적으로 언제 출발하나요?

표 판매원: 매 한 시간 간격으로 한 번 있어요. 당신은 언제 출발하고 싶으신데요?

왕　강: 빠를수록 좋습니다.

표 판매원: 지금 가장 일찍 출발하는 기차는 오후 1시차예요.

왕　강: 한 장에 얼마입니까?

표 판매원: 2,600원입니다.

왕　강: 저에게 1시에 출발하는 기차표 두 장을 주세요.

표 판매원: 여기 있습니다. 여행이 즐겁기를 바랍니다.

왕　강: 감사합니다.

제13과 대관령박물관(大关岭博物馆)

〈회화〉

왕　강: 홍길동씨, 강릉에는 박물관이 있나요, 어떤가요?

홍길동: 어째서 물으시나요? 당신은 박물관에 대해서도 관심이 있으세요?

왕　강: 그렇습니다. 여행지의 박물관을 견학하는 것은 저의 커다란 취미입니다.

홍길동: 아주 고상한 취향이시로군요.

왕　강: 당신은 농담하지 마시고 얼른 저에게 소개를 좀 해주세요.

홍길동: 강릉에는 사립 박물관이 하나 있는데 이름을 대관령박물관이라고 부릅니다.

왕 강: 누가 이렇게 대범하게 자신의 보물들을 꺼내서 모든 사람들과 함께 기쁨을 나누는가요?

홍길동: 홍귀숙이라고 하는 한 여사입니다.

왕 강: 정말 쉽지 않은 일이예요. 박물관 안에는 어떤 골동품들이 전시되어 있나요?

홍길동: 주로 토기, 청자, 백자, 목각 인형 등이 있습니다.

왕 강: 모두 어느 시대의 것이가요?

홍길동: 선사시대의 것, 신라시대의 것, 고려시대의 것 그리고 조선시대의 것들이 모두 있어요.

왕 강: 그렇습니까? 저는 목각 인형에 대해 특히 흥미를 느끼는데, 정말 좀 보러 가고 싶네요.

홍길동: 그럼 우리 지금 바로 갑시다.

왕 강: 너무 좋습니다. 갑시다.

〈보충회화〉

왕 강: 저는 외국을 방문할 때 일반적으로 전통거리랑, 시장이랑, 박물관이랑 그리고 미술관 등등에 가보려고 합니다. 강릉에는 어떤 박물관과 미술관들이 있습니까?

홍길동: 강릉의 대표적인 박물관은 대관령박물관과 축음기 박물관입니다. 유명한 미술관은 강릉 시립 미술관이구요.

왕 강: 대관령박물관은 시립 박물관입니까?

홍길동: 아닙니다. 사립입니다. 홍귀숙씨가 일생동안 조금씩 모은 유물들을 기부하여 1993년 5월 15일에 이 박물관을 세웠지요.

왕 강: 대관령박물관 안에는 주로 어떤 유물들이 있습니까?

홍길동: 주로 토기, 청자, 백자들이 있습니다.

왕 강: 개인이 세운 박물관이기 때문에 그래서 입장료를 낼 필요가 있겠군요?

홍길동: 그렇습니다. 입장료가 조금 비쌉니다.

왕 강: 설사 비싸더라도 사람들은 또한 항상 옵니까?

홍길동: 맞습니다. 부근에 또한 제왕산, 선자령, 대관령 옛길 등 걷기 좋은 곳들이 있기 때문입니다.

왕 강: 그렇게 말씀하시니 부근에는 또한 맛이 있는 음식점이 응당 있겠네요?

홍길동: 그렇습니다. 부근에 맛이 아주 좋은 유명한 옻닭집이 한 집 있습니다. 옻나무껍질은 비록 몸에 이로움을 주기는 하지만 그러나 옻에 민감한 질병을 갖고 있는 사람은 먹어서는 안 됩니다.

왕　강: 아주 재미있는 음식이네요. 저는 좀 맛보러 가야겠어요. 맛을 좀 보고서 그 김에 저 스스로에게 옻에 민감한 질병이 있는지 없는지를 확인 좀 해야겠어요.

홍길동: 왕강씨, 당신은 아주 담력이 있으시군요. 옻에 민감한 질병을 앓고 있는 사람은 극소수이니 당신은 걱정하실 필요가 없습니다. 뿐만 아니라 옻닭은 몸에 아주 이로움을 주어 좀 맛보지 못한다면 후회하실 겁니다.

연습문제 정답

제1과 강릉과 2018 평창동계올림픽(江陵与2018平昌冬奥会)

1. (1) (gǎnshǎng)(감상하다)

   (2) (yèjǐng)(야경)

   (3) (cìjī)(자극적이다)

   (4) (fǔkàn)(내려다보다)

2. (1) (路线)(노선)

   (2) (拌饭)(비빔밥)

   (3) (冬季奥运会)(동계올림픽)

   (4) (香味儿)(향기)

3. (1) (怎么)(不)

   (2) (哪些)

   (3) (离)

   (4) (太)(了)

4. (1) 王刚在韩国的旅行路线是: 汉阳城郭——首尔南山, 观赏首尔夜景——全州韩屋村, 尝尝全州拌饭——釜山, 观看国际电影节。

   (2) 江陵好玩儿的地方多着呢! 那里山美水也美, 一年四季都很好玩儿: 春天可以看樱花节, 夏天可以去镜浦浴场游泳, 秋天登大关岭、五台山、小金刚看满山红叶, 冬天可以去龙平滑雪场滑雪。

(3) 2018冬奥会的冰上项目都在江陵奥运中心举行。

(4) 王刚这次去江陵可以参加樱花节活动，可以登上镜浦台俯瞰樱花街，或者去海边咖啡厅坐坐，闻着浓浓的咖啡香味儿，眺望无边无垠的东海。

제2과 강릉단오제(江陵端午祭) 1

1. (1) (jǔxíng)(거행하다)

(2) (qìngdiǎn)(경축)

(3) (yǎnxì)(연극 공연)

(4) (yóurén)(여행자)

2. (1) (包括)(포함하다)

(2) (持续)(지속하다)

(3) (世界教科文组织)(유네스코)

(4) (了不起)(대단하다)

3. (1) (包括)

(2) (是)(的)

(3) (可)(了)

(4) (了不起)

4. (1) 江陵市每年都举行江陵端午祭，这是一项大型的文化庆典活动。

(2) 江陵端午祭主要包括祭祀、演戏和游艺等活动。

(3) 每年的阴历五月初五前后开始，阴历六月初结束。

(4) 江陵端午祭的国际知名度很高，因为每年去观看活动的国内外游客能达到一百万人，而且2005年它还被世界教科文组织指定为人类口头和无形遗产。

제3과 강릉단오제(江陵端午祭) 2

1. (1) (zhōngyú)(마침내)

    (2) (rènao)(시끌벅적하다, 떠들썩하다)

    (3) (miǎnfèi)(무료)

    (4) (wùhuì)(오해하다)

2. (1) (逛逛)(돌아다니다)

    (2) (品尝)(맛보다, 시식하다)

    (3) (有意思)(재미있다)

    (4) (欣赏)(감상하다, 마음에 들어 하다)

3. (1) (陪)

    (2) (一)

    (3) (既)(又)

    (4) (由)(到)

4. (1) 他们到了江陵端午祭的热闹集市。

    (2) 他们喝了神酒, 还观看了官农假面剧表演。

    (3) 祭祀山神时用的酒就是神酒。观看江陵端午祭的游人都可以免费品尝。

    (4) 他们看了无言假面剧, 内容是一对恋人由误会到和解的爱情故事。

제4과 강릉단오제(江陵端午祭) 3

1. (1) (gāngcái)(방금 전)

    (2) (shànzi)(부채)

    (3) (suíbiàn)(마음대로, 제멋대로)

    (4) (qiūqiān)(그네)

2. (1) (精彩)(훌륭하다, 뛰어나다)

    (2) (画画儿)(그림을 그리다)

(3) (作用)(역할, 효과)

(4) (多高)(얼마나 큰가)

3. (1) (刚才)

(2) (得)

(3) (既)(又)

(4) (除了)(还)

4. (1) 王刚和洪吉童参加了画画儿体验活动, 他们还想去荡秋千。

(2) 王刚学画画儿学了一年。

(3) 在体验馆画的扇子既能避暑, 又能辟邪。

(4) 洪吉童觉得荡秋千是一项很刺激的活动。

제5과 임영관 객사문과 칠사당(临瀛馆的客舍门和七事堂)

1. (1) (jiànzhù)(건물, 건설하다)

(2) (gǔlǎo)(오래 되다)

(3) (jiànzào)(짓다, 건축하다)

(4) (qiézi)(가지)

2. (1) (挺)(아주, 매우)

(2) (派遣)(파견하다)

(3) (国宝)(국보)

(4) (照相)(사진 찍다)

3. (1) (挺)

(2) (样子)

(3) (为了)

(4) (被)

4. (1) 临瀛馆是高丽末期的建筑。当时它是专门给中央派遣的使臣们住宿的客舍。

(2) 临瀛馆是韩国代表性的建筑之一，它完全是用木头建造的。

(3) 为临瀛馆牌匾提名的人是高丽时期的恭愍王。

(4) 临瀛馆现在不是客舍了。现在它是韩国重要的文物，它的正门已经被指定为国宝51号了，需要好好儿保护。

제6과 오대산 월정사와 상원사(五台山月精寺和上院寺)

1. (1) (Wǔtáishān)(오대산)

(2) (wénmíng)(이름나다)

(3) (fójiaò)(불교)

(4) (měilì)(아름답다)

2. (1) (海拔)(해발)

(2) (美极了)(지극히 아름답다)

(3) (尤其)(특히, 더욱)

(4) (景色)(경치)

3. (1) (什么)

(2) (一样)

(3) (没有)

(4) (一边)

4. (1) 江陵一带有五台山、小金刚等名山。

(2) 韩国的五台山跟中国的五台山不一样高。韩国的五台山没有中国的那么高。

(3) 韩国的五台山和中国的五台山都跟佛教有关系。韩国的五台山是五大佛教圣山之一，中国的五台山也是佛教圣地。

(4) 小金刚和五台山的风景美极了，尤其是秋天的红叶特别美。

제7과 소금강(小金刚)

1. (1) (shānjiǎo)(산기슭)

(2) (tīngshuō)(듣자하니)

(3) (jǐngguān)(경관, 경치)

(4) (míngshèng)(명승지, 명소)

2. (1) (kuàiyào~le)(곧 ~하려고 한다)

(2) (qiānzhēn wànquè)(아주 확실하다)

(3) (suōxiǎo bǎn)(축소판)

(4) (zhǔnbèi)(준비하다, ~하려고 계획하다)

3. (1) (快要)

(2) (听说)

(3) (源自)

(4) (原来)

4. (1) 小金刚在五台山东边的山脚下。

(2) 1970年韩国政府指定小金刚为名胜第一号。

(3) 小金刚这个名字源自李珥的≪青鹤山记≫。

(4) 李珥认为美丽的小金刚就是金刚山的缩小版。

제8과 허난설현과 허균 생가(许兰雪轩和许筠的故居)

1. (1) (gùjū)(생가, 전에 살았던 집)

(2) (jǐngdiǎn)(관광명소)

(3) (cáihuá)(뛰어난 재능, 빛나는 재주)

(4) (zhènjīng)(몹시 놀라게 하다, 몹시 놀라다)

2. (1) (诗人)(시인)

(2) (作家)(작가)

(3) (怪不得)(어쩐지)

(4) (附近)(부근)

3. (1) (故居)

(2) (使)

(3) (怪不得)

(4) (比)

4. (1) 他们是朝鲜时期的诗人和作家, 许兰雪轩是姐姐, 许筠是弟弟。他们出生的城市是江陵。

(2) 许兰雪轩的代表作是她八岁时写的≪广寒殿白玉楼上梁文≫, 震惊世人。

(3) 洪吉童这个名字出自许筠的代表作≪洪吉童传≫。

(4) 许兰雪轩和许筠的故居离著名的镜浦湖很近。

제9과 선자령과 대관령 양떼목장(仙子岭和大关岭羊群牧场)

1. (1) (gǎnjué)(감각, 느끼다, 여기다)

(2) (píngtǎn)(평탄하다)

(3) (xīyǐn)(끌어당기다, 매료시키다)

(4) (qīnyǎn)(직접, 제 눈으로)

2. (1) (海拔)(해발)

(2) (好听)(듣기 좋다, 감미롭다)

(3) (来历)(유래, 내력)

(4) (旋转)(돌아가다, 회전하다)

3. (1) (过)

(2) (虽然)

(3) (上去)

(4) (要是)

4. (1) 他说虽然很累，但是很爽。

(2) 仙子岭虽然海拔比较高，但是登山路很平坦，很好爬。

(3) 站在仙子岭山顶，能看到四面八方的群山和呜呜旋转的大风车以及东海什么的。

(4) 不一定，要是天气好就一定能看到。

제10과 하슬라 아트월드(何瑟罗艺术世界)

1. (1) (yōuměi)(우아하고 아름답다)

(2) (héshì)(적합하다, 알맞다)

(3) (kuāzhāng)(과장하다)

(4) (qīnqiè)(따뜻하다, 다정하다, 친절하다)

2. (1) (辈出)(배출되다)

(2) (艺术品)(예술품)

(3) (可爱)(사랑스럽다, 예쁘다)

(4) (各种各样)(각종, 각양)

3. (1) (一定)(吧)

(2) (兴趣)

(3) (再)(不过)

(4) (各种)

4. (1) 王刚认为江陵是一个环境优美、人才辈出的好地方。

(2) 王刚对雕刻工艺品很有兴趣。

(3) 何瑟罗是高句丽时期江陵的旧称，现在用作江陵艺术世界的名字。

(4) 在那里有各种各样的木雕人形，比如可爱的、搞笑的、亲切的，等等。

제11과 정동진역(正东津站) 1

1. (1) (Shǒu'ěr)(서울)

    (2) (lìhài)(대단하다, 심하다)

    (3) (pāishè)(촬영하다)

    (4) (měiwèi)(맛있다, 맛 좋다)

2. (1) (电视剧)(TV 연속극)

    (2) (一下子)(갑자기, 돌연, 일시에)

    (3) (最佳)(가장 훌륭하다)

    (4) (海产品)(해산물)

3. (1) (连)(也)

    (2) (知道)

    (3) (好)

    (4) (一下子)

4. (1) 正东津在首尔的正东方向。

    (2) 因为很火的电视剧≪沙漏≫就是在正东津拍摄的，它使正东津一下子火了起来。

    (3) 正东津是世界上离海最近的火车站，因此被记录在吉尼斯世界纪录里。

    (4) 正东津是看日出的最佳地方，也是吃最新鲜美味的海产品的好地方。

제12과 정동진역(正东津站) 2

1. (1) (hǎibiān)(해변)

    (2) (chēchuāng)(차창)

    (3) (jǐngsè)(경치, 풍경)

    (4) (hǎixiān)(해산물)

2. (1) (沿途)(길을 따르다, 연도)

    (2) (一望无际)(일망무제, 끝없이 넓다)

(3) (品尝)(맛보다)

(4) (只好)(하는 수 없이)

3. (1) (趟)

(2) (挨)

(3) (极了)

(4) (只好)

4. (1) 昨天是王刚的朋友开车带他去的。

(2) 王刚和朋友的行车路线是: 镜浦海边——安木海边——安仁津海边——灯明洛伽寺——正东津。

(3) 王刚看到右边是一望无际的大海, 左边是一家挨着一家的咖啡屋。

(4) 因为王刚看到在正东津旅行大巴和私家车一辆挨着一辆, 海产品商店一家挨着一家, 来来往往的游人一个挨着一个。

제13과 대관령박물관(大关岭博物馆)

1. (1) (cānguān)(둘러보다, 견학하다, 참관하다)

(2) (yǎxìng)(고아한 흥취, 흥미가 우아하다)

(3) (zhǎnshì)(전시하다)

(4) (gǔdǒng)(골동품)

2. (1) (开玩笑)(농담하다)

(2) (不简单)(간단치[쉽지] 않다, 대단하다)

(3) (主要)(주요하다, 주로)

(4) (尤其)(더욱이, 특히)

3. (1) (对)

(2) (出来)

(3) (的)

(4) (尤其)

4. (1) 参观旅游地的博物馆是王刚的一大爱好。

(2) 大关岭博物馆是一家私人博物馆，它的主人是洪贵淑女士。

(3) 去大关岭博物馆能看到土器、青瓷、白瓷、木刻人形等古董。

(4) 大关岭博物馆收藏的古董有先史时代的、新罗时代的、高丽时代的和朝鲜时代的。